中村彰彦

幕末維新改メ

晶文社

ブックデザイン：アルビレオ
カバー写真：さざえ堂（飯盛山）
©HIROAKI OTSUBO/a.collectionRF/amanaimages

はじめに

「明治維新」の「維新」とは読み下すと「これあらたなり」であり、その意味は「万事が改まって新しくなること。革新する」ことです（『広漢和辞典』下巻）。

中国最古の詩集『詩経』には、

「周《しゅう》は旧邦（古い国家）なりといえど、その命維《こ》れ新《あらた》なり」

という用例があるそうですが、中国大陸では紀元前一六〇〇年ごろ殷《いん》王朝が成立し、その後は周、秦《しん》、前漢、新、後漢、魏《ぎ》・蜀《しょく》・呉《ご》の三国など、たくさんの王朝が興《おこ》ったり滅んだりしました。

ですから「維新」と形容される新たな政治も、何回も繰り返しおこなわれていたことでしょう。

対して日本の近代を考える場合、このことばを使った表現は「明治維新」しかありません（昭和七年〈一九三二〉、五・一五事件を起こした皇道派青年将校たちは国家改造の理念として「昭和維新」を提唱し、同十一年の二・二六事件でもこのことばがスローガンとされました。しかし、この事件が鎮圧されて以来、右のことばは使われなくなって今日に至っています）。

昭和二十四年（一九四九）、栃木《とちぎ》県栃木市の郊外に生まれた私は、物心がついたころから父に連れられ、市内の映画館に通うようになりました。嵐寛十郎《あらしかんじゅうろう》（のちの寛壽郎《かんじゅろう》）主演の鞍馬天狗《くらまてんぐ》シリーズは欠かさず観たものでしたが、「天狗のおじさん」は、新選組を代表とする悪者たちをバッサバッサと斬り捨てると、なぜかいつも一緒にいる杉作《すぎさく》少年に昇る朝日を指差してこういいます。

「見ろ、杉作。日本の夜明けは近い」

これは、まもなく徳川幕府は滅びて明治維新となる、という意味の台詞《せりふ》です。

しかし、これは江戸時代を暗黒の時代と決めつけているからこそ出てくる台詞であって、このような歴史の捉え方は一面的に過ぎます。

江戸幕府が二百六十年にわたって対外戦争をおこなわなかった平和的政権であったこと、国内戦といっても大坂《おおさか》冬の陣《じん》・夏の陣と天草《あまくさ》・島原《しまばら》の乱しかおこなわず、江戸の文化を花ひらかせて「徳川の平和《パックス・トクガワーナ》」と形容される繁栄の時代を築いた、という事実がまったく無視されているからです。

それとは正反対に明治政府は、国家としてのバランスの悪さから明治七年に佐賀《さが》の乱、九年に神風連《じんぷうれん》の乱・秋月《あきづき》の乱・萩《はぎ》の乱、十年に西南戦争と五回も内乱を勃発させてしまったほか、対外的にも好戦的な態度を取るようになり、明治八年に朝鮮との間に江華島《こうかとう》事件、二十七〜二十八年には日清戦争、三十七〜三十八年には日露戦争が戦われました。明治が改元されて大正、昭和となってもこの好戦的な体質に変化はなく、昭和十六年（一九四一）に太平洋戦争を起こした結果、大日本帝国は二十年八月十五日に、連合国に対して無条件降伏を余儀なくされてしまいました。

亡国とはこのことですが、鞍馬天狗が賛美して止《や》まなかった明治維新以後の体制は、昭和二十年までの七十八年間の寿命しかなかったわけです。この年数だけを較べても、二百六十五年間つづいた江戸時代の方が時間に対して持久力・耐久力のある時代だったことは明らかでしょう。

本書は、長年そんな観点から歴史を眺めてきた物書きによる「もうひとつの幕末維新史」の試みです。観念的な議論をする気はまったくなく、いつ誰がどこで何をした、という具体的な叙述に徹しますので、気楽に読みはじめて下さい。

それでは、そろそろ幕を開けましょう。

幕末維新改メ　目次

第1章
知られざる幕末史

松平容《かた》保《もり》

最後の会津藩藩主。
京都守護職に任じられ
新選組を組織。
将軍徳川慶喜に
最後まで仕えた。

薩摩《さつま》の「チェスト関ヶ原」

幕末の最終段階に近い時点で、薩摩藩七十七万石の島津《しまづ》家と長州《ちょうしゅう》藩（萩藩）三十六万九千石の毛利《もうり》家が軍事同盟を結び、武力による討幕をめざしたことはよく知られている。では、この両藩はなぜ江戸幕府を倒そうと考えたのか。その謎を解くには、慶長《けいちょう》五年（一六〇〇）九月十五日に関ヶ原で天下分け目の戦いが起こった時の島津・毛利両家の動きを頭に入れておく必要がある。

当時の両者の動向は『幕末入門』（中公文庫）で解説したことがあるので、まずは同書の「第四章　薩摩藩――薩摩隼人《はやと》のリアリズム」から要点を紹介することによって本文をはじめよう。

関ヶ原の合戦の東軍総大将は、徳川家康《とくがわいえやす》。西軍総大将は毛利輝元《てるもと》だったが、輝元は覇気に乏しい性格で自身は戦場に姿をあらわさなかった。

また島津家当主で兵《つわもの》の義弘《よしひろ》は、家康にはに何の恨みもなかった。しかし、豊臣秀頼《とよとみひでより》に臣下の礼を取っていることから大坂城へやってきたところ、元豊臣家五奉行筆頭の石田三成《いしだみつなり》が島津家大坂屋敷に暮らしていたその妻子を人質に取ってしまったため、やむなく西軍に味方したのである。

島津義弘は兵力千五百しか従えていなかったこともあって、関ヶ原におもむいてからも東軍へ向かって兵を動かすことはなく、東軍西軍の激突を傍観しつづけた。やがて西軍は敗色濃くなり、島津勢の陣地後方（西）は潰走しはじめた兵たちで大混雑、正面（東）からは東軍が大挙して迫ってきたので、この時点で義弘は鉄砲の射撃を開始させた。

ここから文章を『幕末入門』の引用に切り替える。

「戦闘は惨憺たる乱戦、激闘となった。やがて乱闘のうちに、義弘はやむをえず東軍の中央、家康の本陣近くを突破して伊勢路に脱出した。これがいわゆる島津の敵前退却であり、敗れてもさすがに義弘は勇猛であるとの評判をとった」（『新編物語藩史』第一二巻「薩摩藩」）

この時に薩摩兵千五百のとった恐るべき戦術は、「すてかまり」といわれるものでした。このことばを『日本国語大辞典』で引くと「戦場で、軍勢が退却する時、一部の兵を伏兵として残しておき、近づいて来る敵兵を遠矢や鉄砲で狙撃（そげき）させるもの」とありますが、死を覚悟した兵数人が火縄銃を発射して敵の追撃をはばむ間に本軍が退却、その兵たちが全滅するとまた数人が後方へ飛び出して捨て石となる、というすさまじい戦い方のことです。

今日も島津家が鹿児島市に経営している尚古集成館は出版物も出しているので、私は九年前に初めて鹿児島へ取材旅行をした際、売店で売られていた『島津家おもしろ歴史館』という本を買ってみました。そこでもこのいわゆる「島津の退《の》き口」についてはニページにわたって解説されていました。

「島津隊は全滅を覚悟で突進してきます。逃がすものかと福島（正則）隊・井伊（直政《なおまさ》）隊・本多（忠勝）隊が次々と戦いを挑みますが、島津隊は立ち止まらず、戦っているものを涙を拭きながら見捨て、また戦っているものは仲間を逃がすため踏み止まって、死ぬまで戦いつづけました。（略）

午前四時、家康から戦闘中止の命令が出され、東軍はようやく追跡を諦めましたが、その後も義弘らの苦難は続き、十七日の夜ようやく大坂（大阪＝原注）に着くことができました。

この時までに義弘に従っていたものはわずか八十人、一行が大坂から海路薩摩に戻りました」

千五百人のうち千四百二十人が戦死したのですから、なんと生存率は五・三パーセントしかなかったことになります。

当時の島津家の石高《こくだか》は、六十万五千石。勝者は敗者の領国や石高を没収したり削減したりするのが常だが、戦後、家康は島津家の六十万五千石をそのまま本領安堵した。義弘の世子《せいし》ですでに当主となっている家久《いえひさ》、それに加えて島津本軍が無傷のまま薩摩の国許《くにもと》にあったため、家康はこれを無理攻めするのは危険だと思い、あえて義弘の罪を問わなかったのだ。

ところで薩摩弁には、「チェスト」という掛け声がある。刀や槍を敵に打ちこむ時の気合いもチェスト、「それ行け」はチェスト行け、である。

しかし、関ヶ原から二十人しか還って来なかったことから、「チェスト関ヶ原」という表現も生まれた。これは、関ヶ原の苦しさを忘れるな、という意味合いで用いられ、並行して「妙円寺《みょうえんじ》さま参り」という行事も行われるようになった（今日もあり）。

これには旧暦九月十五日の関ヶ原合戦当日、鎧兜《よろいかぶと》を着用、真剣の大小を差してわらじ掛けとなった青年たちが鹿児島市―伊集院《いじゅういん》町の間の二十キロを走破し、同町にある義弘の菩提寺妙円寺（今日の徳重《とくしげ》神社）へ参拝して、関ヶ原の往時を偲ぶことである。

鎧の背には合当離《がったり》という環があり、旗指物を差せるようになっている。二十キロを歩ききった青年たちは合当離に穂の出た薄《すすき》を一本差してもらい、一面薄ヶ原であったであろう戦場に果てた先祖たち、あるいは奇跡的に生還した二十人の勇士たちに敬意を表し、チェスト関ヶ原、こんどあのような戦《いくさ》が起こったら自分も、と決意をあらたにするのだ。

幕末最終の時期に薩摩藩がそれまでの藩論だった公武合体《こうぶがったい》策、すなわち朝廷と幕府が一致協力して国難を乗り切ろうという考え方を捨て、討幕に走ったのは、大きく眺めればチェスト関ヶ原の思いの最終的表現だったといってよい。

尊王攘夷《そんのうじょうい》という発想の起源は

次に長州藩の歩みを見ると、毛利家の祖は平安貴族の出でありながら鎌倉幕府に仕えた大江広元《おおえのひろもと》だから、元々尊王の思いの強い家筋だったというのが第一のポイントであろう。

戦国時代に織田信長《おだのぶなが》と敵対した毛利家は、信長の死の直後に羽柴《はしば》秀吉と和解。天下統一に成功して豊臣姓に変わった秀吉の政権下で安芸《あき》・備後《びんご》・周防《すおう》・長門《ながと》・出雲《いずも》・石見《いわみ》・隠岐《おき》の七ヵ国と伯耆《ほうき》の三郡、備中《びっちゅう》半国を合わせて百十二万石を支配する西国一の大大名にのしあがった。

だが、毛利輝元が豊臣家五大老のひとりに指名されていたためか関ヶ原合戦の西軍の総大将にまつりあげられてしまったのが祟《たた》り、戦後の毛利家は周防と長門、いわゆる「防長二州」以外は家康に没収され、石高も三十六万九千石に削られてしまった。その結果、それまで本拠地を安芸国（広島の西半部）の吉田郡山城としていた毛利家は情けないことになった。

第一に、城地を本州の西の肩口にあたる長門国（山口県）の萩に移さなければならなかったこと。第二に、家臣団の多くを召し放ち（リストラ）としなければならなかったこと。第三に、引きつづき家臣とした者の俸給（禄高）も平均八割を削減しなければならなかったこと。

　このようなひどい目に遭わされたことから、長州藩には薩摩藩よりも家康、ひいては江戸幕府を恨む気持がより濃厚に胚胎《はいたい》したと考えられる。以下、しばらくそれを感じさせるエピソードを紹介しよう。

> 　これは伝説に過ぎませんが、長州の殿さまとその家臣たちの年賀の儀式の際には、かならず家臣代表が殿さまにこう質問したといわれています。
> 「今年は、徳川を討ちましょうか」
> 　すると殿さまは、
> 「いや、今年は見合わせておこう」
> と答える。いずれは討つ、というニュアンスですが、このようなやりとりが毎年元旦におこなわれていた、という伝説があるほど、毛利家における反・徳川の感情には根強いものがあった、ということです。
>
> （『幕末入門』「第三章　長州藩――歴史を動かした三人の男たち」）

さて、幕末に朝廷、諸大名、浪人、僧侶、神官から博徒までの間で大流行した思想といえ

ば尊王攘夷である（略して尊攘、過激な者たちは尊攘激派《げきは》）。その意味は、
「天皇を尊び、外国人を打ち払え」
という至極単純なことで、単純でわかりやすい思想だからこそ俗耳に入りやすかったので流行した、といってよい。

しかし、これはわが国固有の考え方ではない。古代中国の周王朝の末期にあらわれた発想であり、当時の漢民族が、ほかならぬ漢民族の建てた周王朝を正統王朝として尊んでいたことにはじまる。尊王の「王」とは、周の王室のことだったのだ。

では「攘夷」とは何か、という話になるが、これは読み下せば「夷《えびす》を攘《はら》う」であり、周王朝を倒そうとしている非漢民族の建てた国を打ち払え、という主張にほかならなかった。

ところで、古代中国では伝統的に非漢民族の建てた国を蔑視し、その国々を存在する方角によって東夷《とうい》・北狄《ほくてき》・西戎《せいじゅう》・南蛮《なんばん》の四者に分類した。この考え方に従うなら日本と朝鮮は東夷となり、攘夷の対象とされてしまう。

だが、もちろん幕末日本の尊攘家たちは自分たちを打ち払うべき東夷とはみなさなかった。かれらが打ち払うべき敵と考えたのは、幕府がそれまでの大方針であった鎖国政策を止め、開国すると同時に来日しはじめた欧米人だった。「和魂漢才」ということばがあるように、日本人は中国の諸王朝から取り入れた思想や文物を日本式に換骨奪胎《かんこつだったい》して使うことが得意なのだ。

それではこの辺で、幕末に尊攘思想が登場し、ひろく受け入れられた背景を詳しく見ておこう。

異人を嫌う日本人

日本の開国は、次のような手順でおこなわれた。

嘉永《かえい》6年（**1853**）**6月3日**、アメリカ東インド艦隊司令官ペリー、遣日国使として軍艦4隻を率いて浦賀《うらが》に来航。**9日**、幕府、久里浜《くりはま》でアメリカ大統領フィルモアの国書を受領。**12日**、ペリー、国書の回答を明年に延期することを認め、琉球《りゅうきゅう》へ去る。**15日**、幕府、ペリー来航を朝廷に伝える。

同7年（**1854**）**1月16日**、ペリー、軍艦7隻を率いて再び神奈川沖に来泊。**3月3日**、日米和親条約を締結。下田《しもだ》・箱館《はこだて》の2港を開く。**27日**、長州藩士吉田《よしだ》松陰《しょういん》、下田で米艦に密航を求め拒絶され、翌日捕えられる。**8月23日**、幕府、日英和親条約に調印、イギリスに対し長崎・箱館を開港。**9月2日**、幕府、オランダに下田・箱館を開港。**11月27**

日安政《あんせい》改元。**12月21日**、日露和親条約に調印、ロシアに下田・箱館・長崎を開港し、エトロフ・ウルップ島間を国境とし、樺太《からふと》を両国雑居の地と定める。

安政2年（1855）12月23日、日蘭和親条約を調印。

同5年（1858）4月23日、彦根《ひこね》藩主井伊直弼《いいなおすけ》、大老就任。**6月19日**、日米修好条約および貿易章程に調印（**8月10日**にオランダ、**11日**にロシア、**18日**にイギリス、**9月3日**にフランスとも修好通商条約に調印。いわゆる「安政5カ国条約」）。

（歴史学研究会編『新版 日本史年表』より）

嘉永七年（安政元年）から米・英・露・蘭四ヵ国と調印した和親条約は、ただ「お互いに仲良くしましょう」というだけのものである。しかし、安政五ヵ国条約は修好通商条約だから、これが調印されると開港地にはこれまで主に清《しん》国で商売をしていた白人貿易商たちが押しかけてきた。

このような状況の変化と並行して尊攘の気分が高揚していったわけだが、尊攘を主張した人々の立場は何種類かに分かれると思うので、次にこの点の分析をこころみる。

まず朝廷では孝明《こうめい》天皇が、

「ペリーとはこんな顔をしております」

と天狗のような面構えを描いたアンチ・リアルな絵を見せられて震え上がり、大の異人嫌いになってしまった。天皇の感覚は、とにかく朕《ちん》の時代には異人に神州の地を踏ませたくない、というものだったから、理性的に説得すれば開国策を支持するようになる、というものではなかった。

だから天皇は、日米修好通商条約の締結前に幕府が勅許《ちょっきょ》（天皇としての許可）を求めた時も、とうとうこれに応じなかった。朝廷は家康の大御所時代から「禁中 並《ならびに》 公家諸法度」で学問だけしていればいいと決めつけられ、天皇家と宮家、公家たちを合わせても石高三万石しか与えられずに借金証文を書きつらねるほどの赤貧に喘いできた。そのため公家たちの九割方は、幕府を憎むあまりに尊攘思想を支持して止まなかったのだ。

以上が朝廷の内情だが、嘉永七年以降、尊攘を支持した諸大名としては、水戸藩前藩主で藩校弘道館《こうどうかん》にも「尊攘」の書を掲げさせた徳川斉昭《なりあき》をはじめ、以下のような人々がいた。薩摩藩主島津斉彬《なりあきら》（安政五年死亡）、宇和島《うわじま》藩主伊達宗城《だてむねなり》、尾張《おわり》藩主徳川慶恕《よしくみ》（のちの慶勝《よしかつ》）、越前《えちぜん》藩主松平慶永《まつだいらよしなが》（のちの春嶽《しゅんがく》）など。

尾張藩と水戸藩は徳川御三家であり、越前藩松平家は御親藩（徳川将軍家の親戚の藩）である。本来は幕府寄りの立場を取るべきこれらの藩も尊攘をもって良しとしたところに、幕権（幕府権力）の衰微と朝権（朝廷権力）の復活が見て取れる。

安政五年六月十九日、大老井伊直弼を首班とする幕閣が孝明天皇の勅許のないまま日米修好通商条約に調印したことは、「無勅許調印」として物議をかもした。これに抗議するため勝手に江戸城へ登城した徳川斉昭や松平慶永らが直弼からきつい責罰《せきばつ》を受けたことは水戸藩尊攘激派の怒りを招き、安政七年（一八六〇）三月三日、直弼は登城途中に水戸脱藩十七名、薩摩脱藩一名に桜田門《さくらだもん》外で襲われ、首を奪われることになった。

尊攘思想の流行は幕末史の進行速度を上げさせるものでありながら、開国直後の日本の政情を混迷に導くものであったのだ。

さらに開港地に出稼ぎにいった庶民やその近くに暮らす住人たちは、別の理由から異人嫌いになっていった。

その大きな理由のひとつとしては、安政五年のコレラの大流行が挙げられる。五月に長崎の出島ではじまったコレラは、六月下旬に東海道を経て江戸を感染ルートに取りこみ、芝《しば》の海辺、鉄砲洲《てっぽうず》、佃島《つくだじま》、霊岸島《れいがんじま》などで死者二万八千人を出した。

長崎という古くからの開港地を起点とし、開市された江戸の海辺で大流行したことは、異人たちがコレラを持ちこんだこととその防疫《ぼうえき》体制がまったくなっていないことを証拠立てていた。そこからコレラへの恐怖が異人を白眼視する気持につながり、庶民の間にも尊攘思想を浸透させる結果となったのだ。

吉田松陰の討幕思想

　ここで水戸脱藩者たちが井伊直弼の命を狙いはじめた安政五年に目を移すと、直弼は水戸藩の小石川の江戸上屋敷へ潜入させた探索方（スパイ）の口から、水戸人たちが、

「天下のために赤牛の両足を切り取りたい」

と慷慨していることまで報告されていた（『幕末風聞探索書』）。赤牛とは、直弼を指す隠語である。

　この暗殺計画は水戸藩尊攘激派から長州藩尊攘激派に伝えられ、萩城下で松下村塾《しょうかそんじゅく》をひらいていた吉田松陰の耳にも入った。

　このころの松陰は、長州藩士のひとりとして藩主毛利慶親《よしちか》（のち敬親）の名を世に知らしめたい、と願っていた。そこで考え出したのが「伏見要駕策《ようがさく》」。安政六年（一八五九）春に江戸へ参勤する藩主の駕籠を伏見で制止し、京へ向かわせて尊王討幕の魁《さきがけ》たらしめよう、という大胆不敵な考えであった。

　ここで注目しておきたいのは、この策の実現する可能性の有無ではない。この安政五年の

時点、すなわち明治維新から十年も前に早くも松陰が討幕に思いを致していたという事実である。

さらに松陰は、もうひとつ策略を案出した。「間部《まなべ》要撃策」といい、上京中の幕府の老中間部詮勝《あきかつ》(鯖江《さばえ》藩主)を長州尊攘激派の手で討ち果たすことにより、長州藩の名を天下に知らしめよう、というまことに過激な発想であった。

しかし、このころの長州藩上層部は尊王の思いと反・幕府の感覚は持っていても討幕までは考えていない。松陰を危険人物と見て、萩城下の野山獄《のやまごく》につないでしまった。

その松陰は、獄中で長州藩主導による攘夷実行(列強相手の攘夷戦による再鎖国)は不可能と悟り、大きく考えを改めた。あらたな発想は「草莽崛起論《そうもうくっき》」といわれるもので、「草莽」とは民草《たみくさ》あるいは大名に対する下級武士たち、「崛起」とは急に起き上がることだから、これは一種の市民革命論である。草莽崛起による討幕という着想にたどりついた時、松陰は日本でもっともラディカルな思想家となったのだ。

ちなみに、松陰門下の高杉晋作《たかすぎしんさく》がのちに長州藩の方針を尊攘に切り替えたころ、高杉の編制した軍勢が奇兵隊《きへいたい》と呼ばれたことはよく知られている(後述)。奇兵隊にならって新たに編制された軍は「長州諸隊」と総称されるが、かれらが掲げたスローガン「防長市民一同」は、この草莽崛起論から生まれた表現にほかならない。

松陰は幕府にとってはあまりに危険な思想の持ち主だったため、安政の大獄の対象とされ、野山獄から江戸へ護送されて安政六年十月に刑死した。享年《きょうねん》三十。

このように幕末史を語ってゆくと、次には老中首座安藤信睦《のぶゆき》（のち信正《のぶまさ》）が水と油の関係になりつつある朝幕関係をまとめるため公武合体論（公武一和とも）を唱えたこと、その結果、文久《ぶんきゅう》二年（一八六二）二月に皇女和宮《かずのみや》親子《ちかこ》内親王が十四代将軍家茂《いえもち》へ降嫁したことなどに触れる必要が生まれる。

だが、そういう筆法を採っていると、よく知られた幕末史の後追いになってしまう。そこで本稿では、文久二年七月六日に長州藩が高杉晋作、おなじく松陰門下の久坂玄瑞《くさかげんずい》らの力によって藩論を尊王攘夷と定めてからの、同藩尊攘激派の動きを追いかけてみよう。

八月十四日、長州藩は関白近衛忠熙《このえただひろ》に対し、攘夷の叡慮（天皇の意向）を実行に移すべく独力でも力を尽くしたいので、早く朝議を一定させていただきたい、と希望した。これによって朝議はただちに攘夷決行と決まった。孝明天皇の異人嫌いの感覚が、朝廷全体の結論に反映されたのである。

朝廷は長州藩に対し、攘夷決行の建言を嘉納するとも伝えたから、長州藩の高杉・久坂らは喜んで土佐藩、薩摩藩の尊攘激派と連絡をとった。

土佐藩尊攘激派の代表は武市半平太《たけちはんぺいた》（瑞山《ずいざん》）だが、同藩の藩主山内豊範《やまうちとよのり》は長州藩主毛利慶親の女婿《じょせい》でもあったから、ここに長土両藩は攘夷を議論する段階から攘夷決行の段階へ駒を進めたかに見えた。尊攘激派の考えでは、攘夷決行とは欧米列強に攘夷戦を挑んで開港地から追い出し、国策を開国から再鎖国へ持ってゆくことを意味した。

薩摩藩を藩主島津茂久《もちひさ》の父、すなわち国父《こくふ》という立場から指導していた久光は、なおも公武合体にこだわっていた。しかし、同藩尊攘激派は長土両藩に同調したので、九月十六日には三藩の有志代表が一堂に会し、朝廷に攘夷決行の勅旨を奏請《そうせい》することに決めた。尊攘激派は文字通り天皇を尊んで幕府を批判的に見ているため、朝廷に食いこむことを重視していたのだ。

一方、その朝廷の有栖川宮熾仁《ありすがわのみやたるひと》親王や左近衛権《さこんえのごんの》中将三条実美《さんじょうさねとみ》は、幕府に対して攘夷の勅命を与えよう、と主張して止まなかった。すでに開国している幕府に再鎖国をさせようというのだから、朝廷もいやに強気になったものである。

その結果、三条実美が勅使、侍従の姉小路公知《あねがこうじきんとも》が副使となり、幕府へ攘夷督促の勅書を伝達すべく十月十二日に京を出立した。このふたりはガチガチの攘夷激派だが、実美は大柄で色白、公知は小柄で肌が浅黒いので、合わせて「白豆・黒豆」と呼ばれていた。

しかも、まだ十七歳の十四代将軍家茂は、十二月五日に白豆・黒豆コンビに対面すると以下のように答えた。

「勅諚《ちょくじょう》の趣、畏《かしこ》まりました。上京の上、委細を申し上げます」（『維新史』第三巻の史料を意訳）

将軍が開国策に相反することを答えたのは、若さゆえか。熊本《くまもと》藩出身ではあるが親藩の越前藩に仕えて藩主松平慶永《よしなが》の知恵袋になっている横井小楠《よこいしょうなん》の攘夷論を受け入れてしまったのである。家茂が「上京の上」でとつけ加えたのは、孝明天皇に皇女和宮の降嫁につき御礼をいうため翌年に上洛することになっていたからだ。

これによってついに攘夷の期が熟したと見た長州尊攘激派の高杉、久坂、志道聞多《しじもんた》（のちの井上馨《かおる》）、伊藤俊輔（博文）ら十三人は、十二日深夜、品川御殿山のイギリス公使館に焼き玉で火付けした（イギリス公使館焼き打ち事件）。放火は火刑（火焙り）に処される大罪だが、かれらはこれも攘夷の一環だと考えていた。

あけて文久三年（一八六三）になると、三月四日に家茂が将軍としては三代家光以来二百三十年ぶりに上洛すると知り、諸国の尊攘激派が京に集まってきて騒ぎ出した。二月二十二日夜には、洛西の等持院《とうじいん》から足利尊氏《あしかがたかうじ》以下三代の室町将軍の木像が盗まれ、その首が加茂《かも》川の三条河原に晒《さら》されるという事件も発生した（三条制札事件）。首三つを載せた台のかたわらには、左のような文章が書かれていた。

「大将軍織田（信長）公により、右の賊統断絶し、いささか愉快というべし。然《しか》るに、それより爾来《じらい》今世に至り、この奸賊に超過し候ものあり、（略）もしそれらの輩《やから》、ただちに旧悪を悔い、忠節をぬきんでて、鎌倉以来の悪弊を掃除《そうじょ》し、朝廷を輔佐し奉り、古昔にかえし、積悪を償うところなくんば、満天下の有志追々《おいおい》大挙して、罪科を糺《ただ》すべきものなり」

（山川浩『京都守護職始末』1、金子光晴訳）

これは室町幕府の足利将軍家になぞらえて徳川将軍を非難した文章であり、攘夷熱の異様なまでの昂揚が感じられる。

なお、右の引用書籍の題名にある「京都守護職」とは文久二年八月に幕府が創設した特別職で、会津藩主松平容保《かたもり》がこれに任じられていた。容保は会津藩士一千名を率いて十二月に着京、東山黒谷の金戒光明寺《こんかいこうみょうじ》を本陣とし、京都所司代、京都・伏見・大坂の町奉行その他を統括して尊攘激派の動きに目を光らせていた。先に引用した文をつづった山川大蔵《おおくら》（のち浩《ひろし》）は会津藩士だから、この事件の発生に注目せざるを得なかったのだ。

長州藩の「馬関攘夷戦」

ちなみに幕府が国家多難の時期と見て設けた特別職は、京都守護職のほかにふたつあった。ひとつは将軍後見職で、一橋慶喜《ひとつばしよしのぶ》がこれに就任。もうひとつは政事総裁職で、越前藩主松平慶永が指名されていた。

このふたりは家茂に先んじて上京したとたん、白豆・黒豆ほかの尊攘激派公卿《くぎょう》から早く攘夷期限（いつから攘夷を開始するか）を決定せよ、と督促されてしまった。口八丁手八丁の慶喜はのらりくらりと言い逃れようとしたが、白豆らはそれを許さない。ついに慶喜は、

「四月中旬攘夷の期限となるべし」（渋沢栄一『徳川慶喜公伝』2）

と上申せざるを得なくなった。

将軍が二条城に入ったのは、三月四日のこと。白豆はその家茂に対し、攘夷期限を「四月中旬」よりももっと具体的な日付で答えよ、と迫った。

そこで幕府側は、やむなく四月二十三日と回答。喜んだ天皇は、三月十一日、攘夷祈願のため賀茂神社へ行幸《ぎょうこう》し、家茂は供奉《ぐぶ》を命じられてこれに従った。開国策をとる最高権力者の将軍が攘夷祈願に同行したのだから、回天の時近し、と尊攘激派が狂喜したのも無理はなかった。

その間にも、どんどん四月二十三日が近づいてくる。あわてた家茂は、攘夷期限の延期を願い出た。こうして時間を稼いでおいて、イギリス・フランスの軍艦が文久二年閏《うるう》八月二十一日に発生した生麦《なまむぎ》事件その他の異人斬りの賠償問題解決のため摂海《せっかい》（大阪湾）をめざしているという風聞に乗り、大坂へ下ろうとしたためである。

しかし、四月十八日、家茂が慶喜らを従えて暇乞《いとまご》いのため参内すると、天皇は強い口調でたずねた。

「来《きた》る二十三日拒絶期限なるに、延期を奏請せるは何故《なにゆえ》ぞ」（同）

十九日に緊急会議をひらいた幕府側は、二十日のうちに、五月十日に相違いなく攘夷を始める、と苦しまぎれに答えてしまった。

これによってようやく離京を許された家茂は、二十一日に大坂へ下向。慶喜は攘夷決行の最高責任者として江戸へ直行することになったが、慶喜の受け止めた攘夷とは欧米列強相手に開戦することではなく、再鎖港についての談判を開始する、というものであった。攘夷などは絶対不可能、と白豆・黒豆に向かって明言すればよかったものを、開国に踏み切った当事者が再鎖港を試みるとは、幕府も奇怪な立場に置かれたものである。

むろん、そんな幕府の苦衷など、尊攘激派の知るところではない。初めから外国船の無差別攻撃という形で攘夷を断行すると決めていた長州藩は、下関（馬関）海峡に砲台を急ぎ築造し、愚直にも五月十日から攘夷実行に走った。

「馬関攘夷戦」と長州人は格好つけたものの、実態が狂気の沙汰の無差別攻撃ではどうしようもない。その的とされた船名と死者数は次の通り。

アメリカ商船「ペンブローク号」、フランス海軍通報艦「キンシャン号」（二十三日、死者四）とオランダ軍艦「メデュサ号」（二十六日、死者三、重傷者五）。このころの日本―清国間の航路は横浜―下関―日本海―長崎―上海その他というものだったから、商船も軍艦も下関海峡を通るのだ。

だが、国際法上こんな暴挙が許される訳はない。アメリカ公使プリューインは、ただちに横浜にいる同国軍艦「ワイオミング号」に報復攻撃を命令。同艦は六月一日に下関海峡に到着、各砲台を砲撃するかたわら長州藩所有の小軍艦「壬戌丸《じんじゅつまる》」「庚申丸《こうしん》」を撃沈し、「癸亥丸《きがい》」を大破させて四日に横浜へ帰投した。

末松謙澄『防長回天史』といえば長州藩から見た幕府維新史を詳述した史書だが、その第四巻は、「ワイオミング号」の発射した砲弾は十分間に五十五発に達した、と書いている。当時の日本人は欧米列強の軍艦が舷側砲を左舷、右舷、左舷と発射しつづけたらどんな破壊力になるかを知らなかったはずだから、この猛攻を喫した長州藩は茫然自失したのではあるまいか。

しかも、この砲撃は報復の第一波に過ぎない。六月五日にはフランス軍艦「タンクレード号」と「セミラミス号」が出現。長州藩砲台の射程外から正確な砲撃を加えてから陸戦隊その他を上陸させ、各砲台を徹底的に破壊した。

「セミラミス号」に乗り組んでいたフランス海軍大主計アルフレッド・ルサンの回想によると、長州藩の兵舎にはオランダ語の戦術書があり、「軍艦が急激なる潮流と戦いつつある場合」とあるページがひらかれたままとなっていたという(『英米仏蘭連合艦隊幕末海戦記』)。「馬関攘夷戦」は、戦術書を見ながらおこなうという泥縄式のものでしかなかったのだ。

こんな完敗を喫したら、普通の人間なら頭を抱えたくなりそうなものだが、なぜか長州藩主毛利慶親・定広父子はそうはならなかった。品川でイギリス公使館焼き打ち事件を起こして帰国していた高杉晋作を萩城に替えて居城としていた山口城に呼び、下関の防備を要請。高杉は「寡《か》を以《もち》て衆に当り奇を以て勝《かち》を制せんとする」あらたな軍を編成することにした（『防長回天史』第四巻）。これが奇兵隊である。

一方、イギリス代理公使ニールは生麦事件によって同国人リチャードソンが殺害されたことから、薩摩藩に下手人の逮捕と処刑、賠償金の支払いを求めることに決定。六月二十二日、クーパー司令長官指揮の「ユーリアラス号」以下七隻の艦隊とともに鹿児島湾をめざした。

薩・英の談判は決裂。七月二日に薩英戦争が始まり、薩摩側は小軍艦三隻をイギリス側に乗っ取られたばかりか、鹿児島湾岸を囲んだ六つの台場（砲台）と洋式工場集成館を破壊され、町屋三百五十戸、武家屋敷百六十戸ほかを焼かれてしまった。しかし、イギリス側も「ユーリアラス号」の艦長、副長をはじめ死者十三、負傷者六十五を出し、四日後に鹿児島湾から去っていった。

これらふたつの攘夷戦を較べた場合、馬関攘夷戦は長州側の完敗、薩英戦争は両者痛み分けと判定してよい。では孝明天皇は、この結果をどのように受け止めたのか。

六月六日の時点で天皇は、諸藩も毛利慶親を応援せよ、と沙汰を下した上、十四日には慶親の奮励と国威発揚に満足して使者を派遣したほど（『孝明天皇紀』第四）。薩英戦争について報じた島津久光には、

「二念無く攘《うちはら》い斥《しりぞ》け候段、叡感《えいかん》斜めならず」（『島津久光公実紀』二）

と七月十二日に答えた。

叡感斜めならずとは、朕《ちん》は満足じゃ、という意味である。

八月十八日の政変

ただし、島津久光に伝えられたのはこのような天皇の反応だけではなかった。島津家と親密な前関白《さきのかんぱく》近衛忠熙・忠房父子からは、跳ね上がりの尊攘激派を抑えこんでほしい、という要望が寄せられていた。

近衛父子がその前段で告げたのは、左のような由々しき事態のことであった。

——近頃、尊攘激派の一部には、攘夷親征と称し、天皇出馬のもとに攘夷戦を断行しよう、との声がある。だが、これは聖意ではない。久留米藩の真木和泉《まきいずみ》と長州人が企てていることなので、早く上京してこの謀計をつぶしてほしい（同）。

朝廷及びその周辺の尊攘派が必ずしも一枚岩ではないことをよく示す文面だったが、実はこのような内部抗争があることを示す事例は、すでに五月二十日に起きていた。同日四つ刻（午後十時）内裏《だいり》から帰宅しようとした黒豆こと姉小路公知は、その北にひらいた朔平門《さくへいもん》を出て右折するや三人の刺客に襲われ、頭、鼻の下、胸に深手を受けて翌朝に事切れてしまったのだ。享年二十五(朔平門外の変)。

現場近くからは、刺客の持物と見られる遺留品がふたつ発見された。薩摩鍛冶として知られる奥和泉守《いずみのかみ》忠重の銘のある刀と、台の幅がひろくて厚い薩摩下駄。これによって刺客のうちには薩摩藩士が混じっているものと思われ、前後してその刀は田中新兵衛の愛刀だったと告げる者もあった。薩摩藩の陪臣で「人斬り新兵衛」と異名を取るこの男が、佐幕派とみなされた九条家の家臣島田左近を斬ったことは知る人ぞ知る事実であった。

そこで二十六日、京都町奉行は新兵衛を捕え、所内に連行して吟味しようとした。すると新兵衛は隙を見て自殺してしまった。

この出来事は、薩摩藩にとってはマイナスに作用した。文久三年以降、御所九門とその中心に当たる禁裏の六門とは有力諸藩の守衛にゆだねられていた。御所九門でいうと、土佐藩は清和院門、長州藩は堺町門、会津藩は蛤《はまぐり》門、薩摩藩は乾《いぬい》門、というように。ところが新兵衛の死によって薩摩藩は朔平門外の変の責任を問われ、乾門の警備から解任されたばかりか、御所内の通行も禁止されてしまったのだ。

面目を失った薩摩藩にとって、七月九日に書状として伝えられた近衛父子の要望は失地回復の機会到来を意味していた。そこで尊攘激派とはやや距離を置いて朝廷の動きを観望すると、六月二十六日に真木和泉は御門の内にある公家たちの学校学習院への出仕を命じられて

「今楠公《いまなんこう》」すなわち楠木正成《くすのきまさしげ》の再来と称《たた》えられ、その主唱する攘夷親征は御所内の公論となりおおせた観すらあった。

そして八月十三日には、その尊攘親征についての詔《みことのり》が発せられた。天皇は近々大和へ行幸されて同地にしばらく滞在し、親征の軍議をなさる、というのだ。

すると、おなじ十三日のうちに薩摩藩士高崎左太郎が三条河原に近い三本木の会津藩公用局（藩の外交官たちの詰め所）を訪問し、応対した秋月悌次郎《ていじろう》、広沢富次郎、大野英馬らの同藩公用方たちに思いがけない提案をした。

「近頃、叡旨として発表されるものの多くは偽勅で、実は奸臣どものなせるところ。お上もこれにお気付かれ、中川宮《なかがわのみや》さま（朝彦《あさひこ》親王）に相談しておいでですが、君側《くんそく》を清める任に当たる有力な武臣がおらぬのをともに嘆くばかりとのことです。会津藩とわが藩とで奸臣を除き、叡慮を安んじようではありませんか」（『京都守護職始末』1、大意）

公用局からこの提案を伝えられた松平容保は、ただちに承諾。互いに公武合体を支持する立場から親しくしている朝彦親王に、薩会《さっかい》同盟を結んだ旨を伝えた。親王が天皇にこれを告げたところ、尊攘激派公卿の勝手な動きを不愉快に思っていた天皇は、十七日夕刻、

「兵力をもって国家の害を除くべし」

との宸翰《しんかん》を朝彦親王に授けた。天皇のことばから知れたのは、大和行幸や攘夷親征の計画はすべて真木和泉や三条実美らの尊攘激派が勝手に作ったシナリオに過ぎない、という

事実である。

翌十八日早朝、朝彦親王は参内した公家たちに勅を伝えた。

「近頃、長州藩の主張する暴論に従い、叡慮にあらせられぬことを勅命のように申す輩が少なくない。なかんずく行幸、御親征などのことに至っては、お上はいまだその期にあらずと思し召されておられる。それを歪めて叡慮のように申す者どもへは、逆鱗《げきりん》少なからず。三条（実美）中納言はじめ、追って取り調べるにより、先ず外出と他人との面会を禁じる」（同、同）

同時に御所九門と禁裏六門から成る禁門はすべて鎖され、薩会両藩と京都所司代の兵力が守りについた。

これは公武合体派の薩会両藩が長州寄りの尊攘激派公卿の動きを封殺した宮廷クーデターであり、「文久三年八月十八日の政変」縮めて「八・一八政変」ともいう。

対して君側の奸とみなされた三条実美とその同志たちは憤慨に堪えない。長州兵の守る堺町門内の鷹司《たかつかさ》邸に集まり、勅に逆らう気配を見せた。長州兵も藩邸から駆けつけてきた者たちと合わせて約二千の大軍となり、死を覚悟したことを示す白装束となって開戦を辞さぬ覚悟を漂わせた（北原雅長『七年史』上巻）。

その間に三条実美、三条西季知《すえとも》、東久世通禧《ひがしくぜみちとみ》、壬生基修《みぶもとなが》、四条隆謌《たかうた》、錦小路頼徳《よりのり》、沢宣嘉《のぶよし》の尊攘激派公卿七人は、早々に退散せよとの勅命を受けて長州藩領めざして西へ落ちていった。これがいわゆる「七卿落ち」。同行した久坂玄瑞は一流の文人であり、

「世はかりごもと乱れつつ、茜《あかね》さす日のいとくらく」

とはじまり、左のようにつづく長歌を詠んだ。

「ゆかんとすれば東山、峰の秋風身にしみて、朝な夕なに聞きなれし、妙法院の鐘の音も、何と今宵は哀れなる、……」（井筒月翁『維新俠艶録』）

ちなみにこの時、会津兵とともに初出動したのが芹沢鴨、近藤勇《いさみ》ら会津藩お預かりの佐幕派浪士集団である壬生村《みぶむら》浪士組。松平容保は敵を敵とも思わないような豪胆な態度を愛《め》でて「新選組」の名称を与え、以後は市中見廻りをおこなわせることにした。

ここから幕末は公武合体路線が主流の時代となり、長州藩はきわめて面白からざる時期を迎えた。

禁門の変により「朝敵」となる

八・一八政変以降、長州藩京都藩邸を根城《ねじろ》としていた長州藩士たちは、留守居役の桂小五郎以外、退京帰国を余儀なくされた。その長州藩士たちの憎しみは、京都守護職松平容保に集中した。

そのような感情は、京へひそかに潜入し、機を見て容保を亡き者にしようではないか、という過激な議論に発展。ついに、

「六月二十日夜を期して、桂小五郎と諸国の志士たちをもって御所を焼き打ちし、その混乱に乗じて薩会両藩を君側から排除して天皇に長州動座をうながしたてまつろう」

という結論となった(小著『新選組全史 幕末・京都編』〈文春文庫〉)。

ところが会津藩お預かりの新選組は、元治《げんじ》元年(一八六四)六月五日、西木屋町四条小橋上ル真町で薪炭商と称していた尊攘派の古高《こたか》俊太郎を捕縛した。その口から右の陰謀を聞き出した新選組は、京都守護職、京都所司代、京都町奉行所と連係して大規模な市中見廻りをおこなう計画を立てた。

おなじ五日の日暮れ時、古高俊太郎の同士たちは古高が捕縛されたと知り、長州藩邸にほど近い三条通り河原町東入ル北側の商人宿池田屋に集まって前後策を協議することにした。

すると今の時間で午後十時頃のことか、池田屋に御用改めにやってきた新選組局長近藤勇《いさみ》、隊士の永倉新八、沖田総司、藤堂平助、近藤周平(勇の養子、十五歳)の五人が、ここそ尊攘激派の集結地と知り、突入戦を敢行。やがて副長土方歳三《ひじかたとしぞう》率いる新選組の本隊も駆けつけ、周辺を公武合体派諸藩の兵力が囲んでしまったため、屋内で応戦した尊攘激派は、討ち取られた者七人、負傷者四人、捕縛者二十三人という一方的敗北を喫した(池田屋事件)。

その姓名と出身の藩名、あるいは国名を見ておこう。

〈即死〉吉岡平助（長州）、石川潤次郎《じゅんじろう》（土佐）、北添佶摩《きたぞえきつま》（同）、宮部鼎蔵《ていぞう》（熊本）、大高又次郎（赤穂）。

〈自殺〉吉田稔麿《としまろ》（長州）、望月亀弥太《かめやた》（土佐）。

〈傷死〉杉山松助（長州）、山田虎之助（同）、野老山吾吉郎《ところやま》（土佐）、藤崎八郎（同）。

〈捕縛傷死〉松田重助（熊本）

〈捕縛〉佐伯稜威雄《いずお》（長州）、佐藤一郎（同）、内山太郎左衛門（同）、大高忠兵衛（赤穂）、古高俊太郎（近江）、西川耕蔵（同）、大中主膳（和泉）、沢井帯刀《たてわき》（同）、瀬尾幸十郎（美作《みまさか》）、森主計《かずえ》（京都）ほか。


このリストにあらわれる長州藩士は七人、土佐藩士は五人、熊本藩士は二人、その他が六人である。長州尊攘激派を中心とする謀議に土佐藩士が参加していたのは、前述のように長土両藩の尊攘激派には交流があったため。熊本藩士もいたのは、同藩には肥後勤王党という尊攘派が存在し、宮部鼎蔵こそその領袖格だったことによる。

それでなくても長州藩は、三条実美ら七卿と在京の藩士たちが八・一八政変の結果退京させられたことに対し、七卿の赦免と上京許可を求めつづけてきた。

そして、池田屋事件が起こる以前の長州藩は次のような動きを見せていた。

元治元年五月二十七日、毛利慶親、家老の国司《くにし》信濃に上京を命令。同月末日、第二の家老福原越後に江戸出府を命令。六月四日、世子《せいし》毛利定広を上京させることに決定。同月六日、定広は諸軍を率い、繁枝原《しげしはら》に操練をおこなう。

これはあきらかに、公武合体派の諸藩との武力衝突を覚悟しての上京命令だったのだ。そして同月十四日、池田屋事件の凶報が飛来するや、その日のうちに第三の家老益田右衛門介《うえもんすけ》にも上京が命じられた。

このころまでに長州藩内部には、高杉晋作の奇兵隊にならって「長州諸隊」がいくつも編制されている。十五日には来島又兵衛《きじままたべえ》の遊撃軍四百が山口を出発、十六日には福原越後と兵力三百が出動し、真木和泉と久坂玄瑞は忠勇・集義・八幡・義勇・宣徳・尚義の六隊を統《す》べて三田尻港から瀬戸内海を東に向かった。長州からの遠征軍の総兵力は、千六百。江戸へゆくはずだった福原越後とその手勢も、伏見に滞在しつづけた。

むろん諸隊と世子、三家老の目的は、八・一八政変、池田屋事件と二連敗した相手の会津藩主松平容保とその兵力一千を京から駆逐し、ふたたび天下の政情を自藩に有利なものとするにある。しかし、その容保は二十七日に参内して孝明天皇に長州兵に襲来の気配濃厚なることを奏上。二十九日、天皇は、

「長州人入京の儀は、決して宜《よろ》しからざる事と存じ候」(『七年史』上巻)

との宸翰を下したので、ここに長州からの遠征軍は賊軍とみなされるべきものと確定した。

嵯峨の天竜寺に布陣していた遊撃軍と国司信濃勢百が動き出したのは、十九日の八つ刻（午前二時）のこと。両者は会津兵の守る蛤門に突入、会津藩が押され気味になった時、京都所司代の桑名藩主松平定敬《さだあき》（容保の実弟）の配下の桑名兵と西郷吉之助を侍大将とする薩摩兵が来援し、戦国武将の再来といわれた来島又兵衛は討死《うちじに》してしまった。

益田勢と真木・久坂の軍勢は堺町門守備の福井兵と激突したが、この門を抜けない。真木は鷹司邸に入りこんでこれに拠《よ》ろうとしたが、猛火に包まれて退却を余儀なくされる。その乱戦のさなかに久坂は被弾し、切腹しておわった。享年二十五。

真木和泉らは山崎の天王山へ逃れたので、二十一日、薩会両藩の兵力と新選組の五十人は天王山を囲んだ。すると真木以下の十七人は、陣小屋に仕掛けた火薬に点火し、爆死する道を選んだ。久留米水天宮の祠官で最古参の尊攘派だった真木和泉は、享年五十二。辞世が一首伝わっている。

大山《おおやま》の峰の岩根に埋《うめ》にけりわが年月の大和魂

視線を御所にもどすと、十九日の戦火が中立売《なかだちうり》門内の烏丸《からすまる》邸、日野邸、堺町門内の鷹司邸に及ぶ間に烏丸《からすま》辺や河原町の長州藩邸から出た火は下京《しもぎょう》を中心に燃えひろがり、町の数にして八百十一町、家数にして二万六千九百二十四軒を焼き尽くした。

長州藩はまたしても惨敗を喫した訳で、八・一八政変、池田屋事件を合わせれば公武合体派諸藩と幕府に対して三連敗である。幕府は往年の自信を取りもどし、二十二日には江戸と大坂の長州藩邸を破却。前者から出た廃材は、府内の湯屋《ゆや》（銭湯）に下げわたした。

しかし、より深刻に感じられたのは、中立売門前の国司信濃の陣地跡に残されていた具足櫃《びつ》から毛利慶親・定広父子の黒印《こくいん》のある軍令状が発見されたことであった（戸川残花『幕末小史』）。黒印状とは正式な書面のことだから、長州からの遠征軍が主命によって動いていたことを示す物証にほかならない。

二十四日、一橋慶喜から提出されたこの軍令状を読んで、孝明天皇は激怒。同日中に、幕府に勅命を与えた。『孝明天皇紀』第五、同日の項に記されたその文章を引いてみよう。

松平大膳太夫《だいぜんだゆう》（毛利慶親）儀、兼《かね》テ入京ヲ禁ズルノトコロ、陪臣福原越後ヲ以《もち》テ名ハ歎願ニ託シ、ソノ実ハ強訴《ごうそ》（略）、容易ナラザル意趣ヲ含ミ、既ニ自ラ兵端ヲ開キ、禁闕《きんけつ》（禁裏）ニ対シテ発砲候条、ソノ罪軽カラズ。信濃ノミナラズ父子黒印ノ軍令状ヲ国司信濃ニ授ケシ由、マツタク軍謀顕然ニ候。カタガタ防長ニ押シ寄セ、速ヤカニ追討コレアルベキ事（原文は和風漢文、読み下しと句読点、注は筆者）。

尊王の思いで戦乱を起こしたことが、長州藩の期待とはまったく逆に天皇の憎しみを買う結果となってしまったのだ。同書に引用された史料『続愚林記』には「朝敵ノ汚名、免《まぬが》ルベカラズ」（傍点筆者）とあり、この元治元年七月二十四日以降、朝敵、賊軍といえば長州藩を指したことが確認できる。

この勅命を受けて、幕府は同日中に尾張藩の前藩主徳川慶勝《よしかつ》を征長総督に任命。西国筋に領土を持つ三十四藩に出兵を命じた。これが「第一次長州征討」、当時の表現でいえば「長州征伐」である。

西郷吉之助の登場

「弱り目に祟《たた》り目」といえば、運が悪い時にさらに不運な事態が重なることである。この時の長州藩がまさしくこれで、八月五日には英米仏蘭四ヵ国連合艦隊が下関に接近してきた。米仏両国が一度砲台を叩いたというのに連合艦隊が再度砲撃の必要を感じた理由については、イギリス公使館の外交官で日本語通でもあったアーネスト・サトウの解説がある。

一度外国の軍隊がその場を去るや、長州人は直ちに砲台の修築、増設をやり、できるだけ多数の大砲を集めてそれに据えつけた。こうして、熊蜂の巣は間もなく充分に修復され、攻防とも旧にも増した威力をそなえるに至った。
（『一外交官の見た明治維新』上）

日本国内の紛争には頓着なく、いかなる妨害を排除しても条約を励行し、通商を続行しようとする当方の決意を日本国民に納得させるには、この好戦的な長州藩を徹底的に屈服させて、その攻撃手段を永久に破壊するほかない。
（同）

四ヵ国連合艦隊の陣容は、イギリスが「ユーリアラス号」以下八艦、フランスが「セミラミス号」以下三艦、オランダが「メデュサ号」以下六艦。これにアメリカの「ターキャング号」を加えた十八艦が、かれらから見れば旧式の砲で固めただけの下関海峡をめざしたのだ。「ユーリアラス号」が、舷側のアームストロング砲から初弾を発射したのは八月五日の午後四時十分。この日は今の新暦なら九月五日だから西国の昼は長い。その後の一時間で長州側の主要砲台は沈黙させられ、翌六日に上陸した千九百の連合軍によって全砲台は破壊された（下関戦争）。

もしもこの直後に征長軍が長州藩領に押し寄せていたら、いかに強気で応じようと長州藩は滅ぼされていたであろう。

しかし、この時幕府の長州追討は、実に緩慢にしか進まなかった。なぜかといえば征長総督徳川慶勝は尊攘派に好意的だったし、実際に長州藩相手に戦って負けたりしては幕威を損ずる。だから毛利父子に降伏謝罪をうながすのが上策だ、と考えていた。主将たる者が実戦より交渉を優先しようとしていたのだから、進撃速度が上がるはずはなかったのだ。

さらに諸大名のうちには国粋主義的な視点から、毛利父子を問責するのは四ヵ国連合艦隊が退却してからにすべし、そうしないと防長二州を異国とともに挟撃するにひとしい、と急ぎ征長戦をおこなうことに反対する者もあらわれた。芸州広島藩主浅野茂勲《もちこと》、因幡《いなば》鳥取藩主池田慶徳《よしのり》らだが、池田はガチガチの攘夷論者だった故徳川斉昭《なりあき》（水戸藩主）の子だけに、幕閣に対してこう主張して止まなかった。

「防長といえども皇国の防長であり、防長の人民といえども皇国の人民であるから、外国の侵略を蒙《こうむ》っては皇国の恥辱である」（『維新史』第四巻より表記を改める）

対して幕府が八月中におこなっていた長州藩対策は、八月二十四日、勅命によって毛利慶親・定広父子から官位、松平姓、十二代将軍家慶の偏諱《へんき》「慶」と十三代家定の「定」の字を奪ったことぐらいのものであった。これによって慶親は敬親、定広は広封《ひろあつ》と名を改めた。

長州藩内でも、このような状況を御家の危機と見て党争が始まった。佐幕派の椋梨《むくなし》藤太らは「純一恭順」という表現で、ひたすら幕府に従うべし、と主張。高杉晋作をふくむ尊攘派は、自分たちを「正義派」、椋梨らを「俗論派」と呼んだ上で「武備恭順」を主張した。これは、開戦に備えながら交渉もおこなおうという和戦両様の構えである。

九月二十五日の御前会議で征長軍に対する態度を決める段になると、正義派と俗論派は八時間、昼食なしで議論しても互いに妥協しない。敬親は正義派を支持した上で、翌日ふたたび会議をつづけることにした。

ところがその夜、正義派の一員で高杉とはイギリス公使館焼き打ちの仲間でもある井上聞《もん》多《た》（旧姓志道《しじ》、のちの馨《かおる》）が俗論派の刺客たちに襲われ、畳針で計五十針も縫う重傷を負わされた。その同志周布《すふ》政之助《まさのすけ》改め麻田公輔《あさだこうすけ》は、状況に絶望して切腹。その後は椋梨藤太を領袖格とする俗論派が長州藩の中枢を占め、正義派の毛利登人《のぼる》は刑死、高杉は九州へ逃れた。長州藩の党争は、家中《かちゅう》をふたつに割る激しさだったのだ。

ここで見ておきたいのは、征長総督の参謀となっていた西郷吉之助の動きである。九月十一日、大坂で幕府軍艦奉行勝義邦（海舟）を初訪問した西郷が幕府の無策ぶりを批判すると、いずれ幕府は瓦解する、と勝はあっさり答えた（『海舟日記』）。

それでは列強が希望し、天皇が厭がっている兵庫の開港問題はどうすべきか。西郷が問うと、海舟はこう応じた。

「加州（加賀藩）、備州（岡山藩）、薩摩、肥後（熊本）その他の大名を集め、その意見を採って陛下に奏聞《そうもん》し、更に国論を決するばかりサ」（『氷川清話』）

昨文久三年（一八六三）十二月三十日、一橋慶喜、松平容保、松平慶永、山内容堂、前宇和島藩主伊達《だて》宗城《むねなり》の五人は、朝議に参与するよう命じられた（『孝明天皇紀』第四）。あけて文久四年一月十三日には、これまで無位無官だった島津久光が従四位下《じゅしいげ》、左近衛権少将《さこんえごんのしょうしょう》に叙任され、参与に加えられた。

この「参与制度」は、うまく機能したならば、朝幕ふたつに分裂している日本の政界に初めて議会制度を導入することにつながる画期的な試みであった。こうして公議世論が形成されるのであれば、国家の意思決定は公議政体すなわち参与会議によっておこなわれることになり、衰微する一方の幕府の再生も期待できた。

しかし、参与のうち松平容保は病弱、一橋慶喜と島津久光は互いを白眼視し合うありさま。松平慶永と久光は文久四年が元治と改元されていた三月中に参与を辞任してしまい、この制度は空中分解に立ち至った。海舟が西郷の問いに応じて加賀、岡山、薩摩、熊本などの大藩の力に期待する答え方をしたのは、参与会議に替わる新たな雄藩連合の枠組みについて考えていたために違いない。

その西郷の思想はというと、公武合体派の島津久光とは肌合いの異なる尊攘派である。長州藩内の党争に注目し、そこから西郷は、征長軍が開戦せずに勝ちを制する策を模索。十一月四日、岩国にて俗論派政権と関係のよい毛利家支族吉川経幹《きっかわつねまさ》(岩国領主)と会見し、長州藩が禁門の変を起こした責任者を処罰して恭順の態度を示すように、と助言した。

毛利敬親とおなじ尊攘激派が長州の政権を掌握していたならば、京へ遠征したおなじ考え方の三家老のことは罰しにくい。しかし、佐幕保守の俗論派が政権をつかんでいる今なら罰しやすい、という読みである。

事態は西郷の予想通りに進み、十三日、吉川は広島に着陣した徳川慶勝に長州藩が罪に伏し、その証しとして三家老の首を差し出すことにした、と伝えた（『幕府征長記録』）。

ただし、実はこれ以前に三家老は切腹させられており、その輔佐役だった四人の参謀は斬に処されていた。十一日のうちに切腹した国司信濃二十三歳と益田右衛門介三十二歳は、淡々とした最期だった。

しかし、五十歳の福原越後だけは違っていた。岩国の龍護寺に身柄を運ばれた福原は、使者たちと、

「ただいまの罪状、断じて承服いたしかねる」

「君命に従わぬと仰せか」

と激論を交わし、十二日の一番鶏《どり》が啼《な》いたころ、厠《かわや》へ向かった。福原がなかなかもどってこないので役人のひとりが裏庭にまわって厠の格子窓を見ると、かれは立ったまま声もなく泣いていた。その胸中は、辞世によくあらわれている。


苦しさはたゆる我身の夕煙空に立つ名は捨てがてにする

詳しくは拙作「さらば、そうせい公」（『東に名臣あり　家老列伝』〈文春文庫〉所収）にゆず

るが、右の下の句は「捨てにくい」という意味だから、福原が俗論派にも正義派にも「そうせい」と応じることから「そうせい公」と渾名《あだな》されていた毛利敬親を恨みながら死んでいったことは確かである。

こうして第一次長州征討は開戦することなくおわり、西郷は結果として薩長接近の端緒をひらくことになった。

薩長同盟の締結

長州から九州へ亡命した高杉晋作は、俗論派政権が三家老を切腹させたと知るや同政権の打倒を決意。元治元年十一月二十五日、下関へ帰国すると長府の功山寺にいた三条実美ら五卿に訣別の辞を伝え、ふたたび下関にもどって戦闘準備に入った（七卿のうち錦小路頼徳は死亡、沢宣嘉は単独行動）。

高杉の同志は長州諸隊のうち遊撃隊と伊藤俊輔の力士隊のみであったが、高杉たちは修繕なって三田尻港にいた小軍艦「癸亥丸」を奪取。これを海上砲台として、俗論派政権との内戦を激化させていった。

このように長州藩内部で闘争がつづいていることは、征長総督徳川慶勝も聞き及んでいた。というのに慶勝が十二月十七日、征長諸藩に陣払いを命じたのは、広島藩主浅野茂勲《もちこと》ら西南の雄藩に長州藩を重罪に問うべきではないとする寛典論者が少なくなかったことによる。

ところが幕府は「長防伏罪」、三家老切腹と報じられるや妙に強気になり、毛利敬親・広封父子と五卿を江戸へ召喚すると決定した。もしこの召喚に応じない時は将軍がただちに進発するであろう、と通達すれば長州側はあわてふためくに違いない、と江戸の幕閣は無邪気に錯覚したのだ。

それにしても幕府は、勝義邦ら幕臣たちからも見限られつつあるというのになぜここまで強気になれたのだろうか。

そう考えると、四ヵ国連合艦隊が長州藩に大勝した「下関戦争」についての対応問題がクローズアップされてくる。

まず長州藩の手法から見てゆくと、元治元年八月八日、家老宍戸《しし》刑馬《どぎょうま》と偽名を使って連合艦隊との講和の使節となるよう命じられたのは、高杉晋作。大紋《だいもん》烏帽子《えぼし》という武家の礼装姿で「ユーリアラス号」を訪問した高杉は、連合国側が賠償金を要求すると居直り気味に答えた。

「朝廷の命、幕府の命によってこうゆう事が起った。長州から払う道理がない」（高杉東行《とうぎょう》先生百年祭奉賛会『東行高杉晋作』）

確かに昨年、孝明天皇に攘夷期限は五月十日と復命したのは将軍家茂だから、高杉の言い分には理があるともいえる。このやりとりに通訳として立ち会ったアーネスト・サトウは、この問題の結論について、

「将軍の政府は、長州の藩主が支払うべき賠償金の額のいかんを問わず政府自らその責任を取ることを自発的に引き受けた」（『一外交官の見た明治維新』上）

と回想している。

このやりとりを受けて、幕府若年寄酒井忠毗《ただます》（敦賀《つるが》藩主）が四ヵ国に賠償金三百万ドルを支払うとの協定書に調印したのは元治元年九月二十二日のこと。このことと幕府の長州に対する妙に強気な態度とを重ね合わせると、幕府はすべてお前のせいだ、と長州藩相手に向かっ腹を立てていたと見える。

それでなくても幕府は、文久三年五月九日にはその前年に起こった生麦事件などへの賠償金としてイギリスへ十一万ポンド（四十四万ドル）を支払わされていた（薩摩藩はこれとは別に十万ドルを賠償）。ただでさえ赤字体質のところへこんな大口の支払いがつづいた責任の一端は長州藩にあるとして、幕府が憤懣やるかたなく感じたのはもっともではあったのだ。

ただし、このころの幕閣は判断力を失いつつあった。長州追討のため、いざとなれば将軍が進発するという考えと、長州藩主父子を江戸へ召喚するという方針では、ベクトルの指す方向が食い違っている。

そこで幕府は、元治二年（一八六五）一月十五日、将軍進発は中止と発表。対して天皇は十八日の時点で、防長の処置は皇国の大事だから将軍はただちに上京せよ、と幕府に伝えた（『孝明天皇紀』第五）。公武合体といいながら、天皇と幕府はボタンを掛け違って同床異夢の関係に陥りつつあったのだ。

さらに幕府は京都守護職松平容保、京都所司代松平定敬、一橋慶喜らが朝廷の空気を伝えてくると、この三人は朝廷に取りこまれたものと判断。一時は三人を更迭《こうてつ》して江戸へ帰府させようとして幕兵三千を京へ送るなど、迷走に迷走を重ねた。

こうして幕府の求心力が急速に低下するのを凝視していたのが、征長軍参謀西郷吉之助である。雄藩連合による新たな国造りこそ尊王の大義、として高杉の武装蜂起を大目に見ていた西郷は、元治二年が四月七日に慶応と改元される約二ヵ月前から古い友人大久保一蔵《いちぞう》（のちの利通《としみち》）に頼み、関白二条斉敬《なりゆき》以下に入説《にゅうぜい》して長州藩を寛典に処すための朝廷工作を始めさせた。

これと並行して、長州藩内部では政情が劇的に変化した。高杉率いる急進派諸隊（正義派）が、俗論派政権を打倒して椋梨藤太らを処刑することに成功。藩主毛利敬親と諸隊は従来通り尊王攘夷を大義とするものの、当面は軍制改革と富国強兵につとめ、幕府に対しては「純一恭順」ではなく「武備恭順」でゆくことにした。

軍制改革を担当したのは、禁門の変後、但馬《たじま》に亡命していた桂小五郎。桂は医学と蘭学（特に兵学）に通じていた村田蔵六《ぞうろく》（のちの大村益次郎）を禄百石で召し抱え、軍制の洋式化に当たらせることにした。同年二月、村田が藩船「壬戌丸」を上海で売却し、銃砲を買いつけたのはそのためである（村田峰次郎『大村益次郎先生事蹟』）。

そのころ、長州藩士小田村素太郎《もとたろう》（のちの楫取素彦《かとりもとひこ》）は、別の用事で旅した福岡の太宰府で土佐脱藩の坂本龍馬と初対面。勝義邦から大政奉還論を教えられていて西郷とも親しい龍馬から薩長が争う愚を指摘され、これが結果として「薩長和解の端緒」になってゆく（『防長回天史』七）。

ところが、村田蔵六の上海における動きは幕府の知るところとなり、幕府は将軍家茂を進発させて第二次長州追討に踏み切った。その上京・参内は閏《うるう》五月二十二日のこと、本陣となる大坂城へ下ったのは同月二十五日のことであった。

この時も幕閣以下は将軍大坂へ出馬と聞くだけで長州藩は恐れ入るだろうと思いこみ、同藩に以下のような幕命を突きつけた。

一に十万石の削封。二に藩主父子の蟄居《ちっきょ》、三に孫の興丸《おきまる》への家督相続。

しかし長州藩はためらいなくこれを拒否した。ただし、そうなると幕軍相手に開戦する覚悟でいないといけないから、高性能の銃砲がほしくなる。おりからこの年の四月にアメリカの内戦（南北戦争）がおわったため、不要となった武器弾薬類が日本の開港地に大量に持ちこまれていた。

だが長州藩論は尊攘すなわち再鎖国なので、外国人商人とはつきあいがない。そこで井上聞多と伊藤俊輔は、坂本龍馬の紹介で西郷吉之助に接触。薩摩藩の長崎屋敷に潜伏させてもらい、イギリス人商人のトーマス・グラバーに商談を持ちかけた。

その結果、八月下旬に長州藩はグラバー商会から先込め滑腔銃《かっこうじゅう》のゲベール銃三千挺、椎の実形の弾丸を発射できる先込めライフル式のミニエー銃四千挺を価格にして九万二千四百両で買い上げるということで商談成立。薩摩藩は持ち船の「胡蝶丸」にこれらを積みこみ、三田尻港まで運んでやった。

これを受けて九月八日、毛利敬親・広封父子が島津久光・忠義父子に丁寧な文面の礼状を送ったことにより、薩長提携の機運は決定的なものとなった。

あけて慶応二年（一八六六）一月七日、桂小五郎は上京して二本松の薩摩藩邸に迎えられ、西郷・大久保や家老の小松帯刀《こまつたてわき》らと会談。同月二十一日、坂本龍馬の仲介により、薩長同盟を密約するに至った。

この文書は読みにくいので、漢字を平仮名に直しながら一部を読み下し、句読点と注もつけてみよう。

戦《いくさ》と相成り候時は、（薩摩藩は）すぐさま二千余の兵を急速（京へ）差し登し《のぼ》（略）、京坂両処《(所)》を相固め候との事。

戦自然も（おのずと）我が（長州藩の）勝利と相成り候気鋒（勢）これあり候とき（薩摩藩）は、その節朝廷へ申し上げ、きっと尽力の次第これあり候との事。

（『防長回天史』七）

＊

薩長はどんな戦況となっても一致協力して討幕に尽力するという軍事同盟が、ここに明文化されたのである。

ゲベール銃三千挺、ミニエー銃四千挺を薩摩が長州に供与したことにはじまるこの武力討幕の動きは、コルト45という高性能なピストルにピースメイカーという愛称をつけた西部開拓時代のアメリカ人の感覚や、毛沢東の「革命は銃口から起こる」という物騒な表現を私に思い起こさせる。

しかも注目すべきは、会津藩がこのような薩長の急接近にまったく気づかなかったことであった。いや、正確にいうと毛利敬親・広封父子が島津久光・忠義父子に礼状を送って一ヵ月を経た慶応元年十月二日、会津藩公用人外島《としま》機兵衛《きへえ》は最近薩摩藩が会津藩士たちを疎んじることを不信に思い、薩摩藩邸へ薩会同盟の誼《よし》みを確認しに行った。すると大久保一蔵は面会を避け、翌十三日付の書簡を外島に届けた。そこには、

「それぞれの所見に従い、お互いの主君の意向によって進退を決しようではありませんか」

（『大久保利通文書』第一巻、大意）

と書かれていた。要するにこれは、別々の道をゆこうではないか、という意味で、事実上の薩会同盟解消宣言にほかならない。

それではここで章を改め、優秀な洋銃を大量に入手した長州藩によって瓦解の運命をたどったふたつの藩へと次第に視線を向けてゆく。

第2章
消滅した
浜田藩・小倉藩

桂小五郎
（木戸孝允）

吉田松陰門下の
長州藩士で
藩の外交を担当。
戦後、政治家として活躍。

第二次長州征討

桂小五郎が薩長同盟締結のため入京した慶応二年（一八六六）一月七日は、将軍家茂から長州処分の全権を与えられた老中小笠原長行《ながみち》が広島に着いた日でもあった。

長行は長州側の巧みな引き延ばし策に翻弄されてしまい、十万石の削減その他の幕命をようやく伝達できたのは四ヵ月後の五月一日のこと。しかも、長州側はこの幕命に対する請書《うけしょ》の提出期限である同月二十九日を無視したため、ここに第二次長州追討は追討戦の形を取ることが必至となった。

この「第二次長州追討戦」を長州藩が「四境戦争」と呼んだのは、防長二州の東西南北の四方面でほぼ同時に戦端がひらかれたためである。

本稿では大島郡方面、芸州口方面、石州口方面、小倉口方面の順に戦況を略述してから、この戦争でとんでもないことになったふたつの藩の運命について語ることにしよう。

〈大島郡方面〉

大島郡とは、周防国《すおうのくに》大島郡のこと。北の広島湾と南の伊予灘の境に東西方向に長い姿を見せている屋代島、別名周防大島を指している。

六月七日朝、幕府がアメリカから購入した軍艦「富士山丸《ふじやま》」が上の関の海上に出現。南岸に沿って西から東へ安下庄《あげのしょう》、外入《とのにゅう》、油宇《ゆう》の三村に砲撃を加えたことから、ついに第二次長州追討戦が始まった。

あくる八日、今度は幕艦四隻があらわれて油宇村へ伊予松山の藩兵を上陸させ、十一月には北岸の久賀《くが》及び安下庄に幕府軍の歩兵と砲兵、伊予松山兵とを上陸させた。

当初、長州藩守備兵はこの方面にはごく少数しかいなかった。そのため敗走を重ね、全員が北西端の大畠瀬戸《おおはたけのせと》を越えて山口寄りの遠崎へ逃れた。一時大島は、征長軍の占領するところとなったのだ。

ことに伊予松山兵の暴虐ぶるはすさまじく、

「数多《あまた》の民家を焚掠《ふんりやく》し無辜《むこ》の人民を惨殺し、暴悪至らざるなし」(『高杉晋作全集』)

というありさまであったとか。

対して長州藩庁は、海軍総督として下関にいた高杉晋作に大島救援を命令。高杉は「丙寅《へいいん》丸(旧名オテント)」に乗り、十二日暁闇、遠崎に着いて諸隊のうちの第二奇兵隊、浩武《こうぶ》隊と合流した。

「丙寅丸」は「月影淡い夜、山蔭に沿うてひそかに進み、久賀沖に碇泊していた四隻の幕艦の間に乗り入れ、縦横に航走して砲撃を加えた。幕艦は火を落としていたので、にわかに火を焚《た》いたが蒸気がすぐには出ないのでうろたえ、旭日丸（幕艦の一隻＝筆者注）は損傷を被った。陸上にいた幕兵も長州の海軍が来襲したと大ろうばいに陥った」という（『東行　高杉晋作』）。

つづけて第二奇兵隊と浩武隊は、十五日未明、大島守備兵たちと合流して大島の数ヵ所へ一斉に逆上陸。進撃を開始したので十六日には幕府歩兵差図役勤方《つとめがた》松平友之丞も戦死する。十七日になると長州方はますます優勢となり、征長軍側には、

「味方（には）後詰《ごづめ》（援軍）もこれなく、皆々討死《うちじに》にもなるべし」（『昭徳院殿御在坂日次記』）

と特筆されたほどの危機が迫った。

そこに「富士山丸」「明鶴丸」があらわれたので征長軍はこれらに分乗して戦場から退避し、この方面での戦闘は長州方の圧勝におわったのである。

ちなみに幕臣戸川残花は、この方面からの戦況報告書には、

「此役《このえき》幕軍にては／討死　歩兵差図役二人／御持《おもち》小筒《こづつ》差図役二人／御持小筒組二人／歩兵一人／歩兵差図役二人

敵の討死二百五十人、生捕《いけどり》十三人」

と、征長軍が大勝したように書くものがあったという（『幕末小史』）。

太平洋戦争中の日本軍には戦果を誇大に、損害をゼロだったかのように発表する悪癖が

あったので、「大本営発表」といえば一種の大ボラだと私の母たちの世代は思っていた。この「大本営発表」と似たようなことを幕府軍もやっていたのである。

洋式散兵戦術の優秀

それにしても、四ヵ国連合艦隊に一方的に敗れた長州軍がなぜ征長軍には勝つことができたのか。ここでその理由を解説することにして、まず両軍の鉄砲の性能の差から頭に入れてゆこう。

長州軍がゲベール銃とミニエー銃を大量に所持していたことはすでに見たが、征長軍側が用いた銃は、関ヶ原以来おなじみの火縄銃であった。とりあえず命中精度は度外視して、それぞれの有効射程を列挙する。

火縄銃は、六匁玉《もんめ》（口径十五・八ミリ）ないし十匁玉（おなじく十八・七ミリ）を発射する場合、二百メートルほど。

ゲベール銃（火打石式先込め滑腔銃）は、三百メートルほど。

ミニエー銃（ライフル式先込め銃）は二百七十メートルほどだが、最大射程は百ヤード（九百十四メートル）に達し、これは当時の大砲とおなじレベルである（所荘吉『火縄銃』その他）。

ゲベール銃、ミニエー銃には銃身に銃剣を着剣することも可能なので、接近戦になれば槍替わりに使用できるという利点もあった。さらにいえば、火縄銃とこれらの洋式銃には貫通力に大きな違いがある。

安土桃山時代の鎧兜《よろいかぶと》は火縄銃であっても撃たれると貫通することがあるので、すべて鉄板で造られている南蛮鎧と南蛮兜が武将たちに好まれた。対してゲベール銃やミニエー銃の有効射程に身を晒してしまった者は、まずは撃ち倒されることを覚悟しなければならない。鉄製の鎧兜を着用しても銃弾を弾き返すことはできないので、これらの銃が使用されるにつれて重武装する兵はいなくなり、兵たちは軽装で軽快に進退した方がよい、と考える指揮官が多数派となった。

その結果、アメリカ軍が独立戦争の進展する中で考案したのが「三兵戦術」である。これは歩・騎・砲の三兵にこれまでのような横隊を取らせず、各自が縦隊で進撃することにした点がまことに画期的であった。縦隊で進むと各兵士の左右には空間がひらけているから、敵が不意に攻撃してきてもこちらはその左右にある低地や高地、建物、樹林などに散開して反撃に転じることができるのだ。

「三兵戦術」はこのように兵の散開を許すことから「散兵戦術」と訳される場合もある。西部劇映画で騎兵隊や悪党どもが手近な物陰に身を隠しつつ銃を撃ち合うシーンは、この「散兵戦術」を採った時の戦い方そのものである。

多勢に無勢であったイギリス軍対アメリカ軍の独立戦争において、後者が勝利して一七七六年七月に独立を宣言するに至ったのは、アメリカ人の独立自治を志向する強固な意志とともに、この「散兵戦術」が考案されたことが大きかった。

その後、この戦術はヨーロッパに伝えられることになるのだが、それはフランスがアメリカと同盟して独立戦争に参戦したことの副産物と考えてよいだろう。フランスでナポレオンが皇帝となるのは、一八〇四年五月のこと。ナポレオンの指揮するフランス陸軍が採用したのも「散兵戦術」だったことから、ここに「ナポレオン流の散兵戦術」という表現が生まれた。

当然この戦術には、他のヨーロッパ諸国の陸軍も関心を寄せる。オランダ人クノープの書いた戦術書は長崎の出島に運ばれて村田蔵六の所有するところとなり、村田がみずから和訳した『活版兵家須知戦闘術門』として長州兵に教えこまれた。

これから述べる第二次長州追討戦の三方面の戦いにおいては、海戦が主体だった小倉口方面以外ではこの戦術が存分に駆使されたことを前提にして読んでいただけるとありがたい。

浜田城の落城

〈芸州口方面〉

芸州藩浅野家の藩領であるこの方面には、征長先鋒総督徳川茂承《もちつぐ》(紀州和歌山藩主)、同副総督本荘《ほんじょう》宗秀(老中・丹後宮津藩主)の指揮する征長軍主力が向かった。先鋒は越後高田藩と、赤一色の軍装「井伊の赤備え」で知られる近江彦根藩の兵力。本軍は幕府千人隊及び歩兵隊、和歌山・美濃・大垣・宮津の各藩兵である。

対する長州側は、遊撃隊・御楯《みたて》隊・膺懲《ようちょう》隊・鴻城《こうじょう》隊と岩国領吉川家の兵力。六月十三日夜、彦根・越後高田の兵力がこれら諸隊の兵力と長州と芸州の藩境小瀬川《おせがわ》で鉢合わせたことから開戦となった。

ここで注目したいのは、例の赤備えで出動した彦根藩井伊家の軍法が、関ヶ原から二六六年、大坂夏の陣からでも二五一年を閲《けみ》しているというのに、何の進歩も見せていなかったことである。その軍勢は和流の古風な軍法にのっとり、弓・鉄砲足軽、槍足軽、騎馬武者とそれを取り囲む徒武者《かち》たちがいずれも横陣の隊形を取り、法螺貝《ほら》と陣太鼓の音に乗ってゆらりゆらりと押し出して来る呑気なありさま。この中世的軍隊を散兵戦術を採る長州諸隊がゲベール銃、ミニエー銃で木陰や草むらから次々と狙撃してゆく光景は、

「戦争といわんよりほとんど遊猟の感なきにあらず」（『幕末小史』）

と記録されたほどの一方的展開となった。

渡河進撃した長州諸隊は、芸州佐伯郡の小方《おかた》、玖波《くば》を占領し、十九日には大野に進出した。しかし、ここを守る和歌山藩兵と幕府陸軍奉行竹中重固《しげかた》の指揮する歩兵は洋式化された精兵《せいびょう》である。一進一退の末、睨み合いとなったところで本荘宗秀から思いがけない指示が来た。

各方面の苦戦に失望した本荘は、六月二十五日、交渉に来たところを拘禁しておいた長州藩老中（若年寄）格の宍戸備後助《ししどびんごのすけ》他一名を釈放することにより、独断で和議を結ぼうとしたのだ。

だが、勝勢の長州側はこの申し入れを一蹴。七月二十六日から、改めて激戦が展開された。

そこで動きを見せたのが、領国を戦場とされて苦悩していた芸州藩である。同藩はひそかに、長州藩と協定を結んだ。

一、両藩は隣国の誼《よし》みを厚くする。

二、芸州藩は朝廷に対し、長州藩のために尽力する。

三、長州諸隊の撤退に際し、芸州藩は幕軍の追撃を阻止する。

もう少し先を眺めると、芸州藩は翌慶応三年（一八六七）九月十八日の時点で薩長両藩と

挙兵討幕を約し、同年十月六日には幕府に大政奉還を建白するに至る。このような薩長との和親路線は、芸州口の戦闘が推進したようなものであった。

八月七日、長州諸隊が宮内村の征長軍の陣営へ殺到。同軍を広島へ退却させてみずからも陣払いすると、この協定に従って芸州兵が両軍の間に入ったため、この方面の戦闘もこれにて終焉《しゅうえん》となった。

〈石州口方面〉

石見国《いわみのくに》方面を意味する石州口とは、長州藩領と出雲国《いずものくに》との間の日本海側にひろがる地域である。藩としては津和野《つわの》藩（長州寄り）と浜田藩（出雲寄り）の二藩があったが、この方面の征長軍は石見浜田、備後《びんご》福山、紀州和歌山の諸藩の兵力に津和野藩のそれが加わる予定であった。

ところが、その津和野藩亀井家が藩兵たちを城下に集め、長州藩との交戦を忌避したからたまらない。六月二十六日に開戦となるや、南園隊・精鋭隊その他の長州諸隊は一気に津和野藩領を通過し、その北東の浜田藩領へ進出。十七日には、同藩の要衝益田(現、島根県益田市)を占領してしまった。

その時の戦況について備後福山藩主阿部正方《まさかた》が将軍家茂に提出した苦しげな「戦争御届《おとどけ》」が残されているので、家茂の正史に記載されたその文章の一部を紹介しておこう。

(征長軍の)人数なお益田駅(において)敵軍多勢に取囲《とりかこ》まる。救兵(援軍)もこれなく、孤軍深没《しんぼつ》の姿に相成り、衆寡《しゅうか》相敵し難きにつき必死を極め、槍刀を以《もつ》て敵陣之《ママ》突き入り候ところ、彼の不意に出《い》ず(敵の意表を突いた、という意味)。たちまち八九人斬倒《きりたお》し候勢いに辟易《へきえき》し、(長州方は)一旦狼狽散り走り候えども、なお又取囲まる。(長州方が)きびしく打砲《だほう》(銃撃)致し候につき支え難く、ひとまとめと相成りて引退《ひきの》き候、……

(『昭徳院殿御在坂日次記』)

まことに弁解がましい届け出だが、その後の阿部正方を追ってみると、この敗戦のさなかで病気になり、何とか福山城へもどって療養したものの翌年十一月に二十歳の若さで病死している(『三百藩藩主人名事典』四)。病弱な青年大名を戦場へ送ったこと自体が、土台無理なことだったのだ。

さらにいえば、石州口陣屋の征長軍が長州諸隊にやられっぱなしだったのは、この方面には村田蔵六みずからが出動していたためでもある。七月五日、その作戦指導によって潑剌《はつらつ》と進撃した諸隊は、ついに浜田城に迫った。

焦った浜田藩が因幡《いなば》鳥取藩主池田慶徳《よしのり》と備前岡山藩主池田茂政《もちまさ》に救援を依頼したのは、浜田藩主松平武聡《たけあきら》(水戸藩主徳川斉昭の第十子)が、慶徳(おなじく第五子)、茂政(第九子)の兄弟だったためである。

しかし、前述のように徳川斉昭といえば尊攘派の代表のような人物だから、その血を受けた池田慶徳・茂政兄弟は長州藩に同情的であった。ために慶徳は、病気を理由に出兵を辞退。茂政も武聡に長州との講和を勧めたので、七月十五日、浜田藩はやむなく長州方に停戦を乞うた。

この時二十五歳だった武聡は連戦連敗の衝撃から喪神状態（ノイローゼ）となり、その病勢は悪化する一方で、一時は足がむくんで歩行困難になったばかりか寝食ともに不可能になる始末。

しかも、浜田藩最後の会議はそれまでの籠城決戦策を捨て、城を焼いて退却することに決定した。武聡を小舟に乗せて日本海へ逃した家臣団は、十八日に浜田城と武家屋敷に火を放ち、征長軍とともに出雲の松江藩領に退却したので、石州口もまた長州藩の手中に帰したのであった。

この方面の勝利を喜んで長州兵たちの作った俗謡が矢富熊一郎『維新前夜石見之戦』に七首記載されているので、そのうち二首を紹介しておく。

浜田福山恥ずかしゆないか長州攻めに来て攻められた

浜田殿様鰯《いわし》か雑魚《ざこ》か鯛（隊）におわれて逃げて行く

松平武聡と家臣団のその後については後述するが、石見浜田藩六万一千石松平家は実質的にここに滅んだといってよい。

江戸時代に、徳川幕府以外の存在によって滅ぼされてしまった藩もあった、ということである。

小倉藩の落城

〈小倉口方面〉

老中小笠原長行の率いたこの方面の征長軍主力は、小倉・熊本・久留米その他の九州諸藩の兵力と幕府の千人隊であった。小笠原はこれらの兵力を下関海峡南岸の田野浦、門司などの要地に集積させ、北岸の長州藩領への渡海攻撃をおこなおうとしていた。

しかし、高杉はいち早くこの動きを察知。六月十五日、奇兵隊の軍監《ぐんかん》（軍事を監督する職）山県狂介《やまがたきょうすけ》（のちの有朋《ありとも》）と下関で会談し、以下のような作戦を立てた、とのちに山県は回想している。

小倉城を取らんと欲するには、直《ただち》に其牙営《そのがえい》（本陣）を衝《つ》くを上策とすれども、先《ま》づ田之浦《ママ》、門司、大里等の敵を取除《しゅじょ》せざれば、我が長府、馬関（下関）の地は敵兵侵略の虞《おそれ》なしとせず。仍《より》て第一著《（着）》に軍艦を以《もっ》て門司、田之浦《ママ》を砲撃し、陸兵を以て同地に上陸し之を攻撃一掃し、然《しか》る後《のち》機に投じて（よい時期につけこんで）大里を進行（進攻）すべし。敵若《も》し彦島（下関の西）を襲ふの策に出でば、我が守兵を以て之《これ》に当たらしめ、尚《な》ほ馬関停泊の軍艦をして、之を応援せしむべし。小瀬川口は方《まさ》に我兵の進撃中なるを以て、敵（幕府）の海軍の如きは、馬関に向《むか》ふこと能《あた》はざるべし。万一彼《か》れ来《きた》るあらば、我が軍艦を砲台と之を合撃《ごうげき》せん、此《かく》の如くにして、漸次《ざんじ》小倉城に逼《せま》るの手段を取るべし。

（『懐旧記事』、読点の一部筆者）

この時点で浜田城は、まだ落ちていない。というのに馬関口海陸総督に任命されて小倉口の戦闘の長州藩最高責任者になっていた高杉は、初めから小倉城を奪うつもりでいたのである。

作戦はこの通り実行され、長崎で商社（のちの海援隊）を経営していた坂本龍馬も協力した。翌十六日に始まった小倉藩領への渡海攻撃については、高杉自筆の「小倉口緒戦報告書」があるので、これも読んでおこう。

六月十六日夜半、丙寅丸を以って癸亥《きがい》丸及び丙辰《へいしん》丸を引き、田の浦《ママ》港に迫る。（坂本龍馬の指揮する）乙丑《おつちゅう》丸は庚申《こうしん》丸を引き、門司浦に向《むか》う。凡《およ》そ暁七つ時（午前四時）田の浦《ママ》に迫り、三軍艦より砲撃、続いて門司浦の二艦よりも発砲、朝六つ（午前六時）過ぎまで彼《か》の台場《だいば》（砲台）と戦う。（略）その内に奇兵隊は壇の浦より門司の後へ渡り、田の浦《ママ》の本陣へ乱入し、それよりして三軍艦（は）田の浦《ママ》の港内へ入り、日本船（陸兵乗組《のりくみ》或《あるい》は兵糧＝原注）凡《およ》そ二百艘余を焼き払い、陸兵と力を合し、海岸砲は重き故《ゆえ》に台その外《ほか》を焼き、野戦砲はことごとく奪取《うばいとり》、玉薬蔵《たまぐすりぐら》（火薬庫）を奪いし故、玉薬数知らず分取《ぶんどり》相済ませ、田《ママ》の浦の人家をことごとく焼き払って後、三艦共に馬関迄《まで》引き揚げ……（『高杉晋作全集』上）

意気盛んな長州軍は七月三日、二十七日と渡海攻撃を続行したのに対し、長州藩へ攻めこむはずの征長軍側にはまったく戦意が欠けていた。三日の大里の戦いに小倉藩が散々に敗北しても、

「久留米・柳川・熊本・其の外唐津、或《あるい》は千人隊・別手組等、幕府の兵数あれ共、更に戦ふ風情なく、只物見《ものみ》の有様にてありける」（『豊国《ほうこく》戦記』）

という態度でしかなかったのだ。

さらに七月三十日には、頼みの小笠原長行が「富士山丸」に乗って大坂城へ退去。征長軍

も解散したため孤立無援に陥った小倉藩は、やむなく小倉城を自焼させ、田川郡香春《かわら》に藩庁を移すことになった。

小笠原長行が大坂へ急いだ理由は、二十九日の夕刻に幕府の急使がやってきて、二十日に将軍家茂が大坂城中で病死したことを知らせたからである（公表は八月二十日）。

また豊前小倉藩十五万石小笠原家が状況を悲観したのは、藩主小笠原忠幹《ただよし》が実は慶応元年九月六日に病没していたのに、これを厳重に隠して城内に柩《ひつぎ》を安置し、なお在職中と世を偽っていたことによる。こういう嘘はどうしてもばれるものだから、小倉兵に戦意などあるはずもなかったのだ。

八月一日に小倉城を焼いた小倉藩小笠原家にあっては、忠幹夫人と四歳の世子豊千代丸が熊本藩細川家を頼って肥後へ向かい、藩士とその家族三万人は香春へ移住していった。

城が焼かれ、藩主一族と藩士たちが城と城下町を捨てたということは、その藩が地上から消滅したことを意味する。石見浜田藩につづいて豊前小倉藩も、明治維新の二年前、長州藩の武力によって滅びの道をたどったのであった。

甘党の将軍家茂の虫歯

ここでちょっと横道にそれて、第二次長州征討を幕府が完遂できなかった最大の理由である将軍家茂が二十一歳の若さで早死にした原因について触れておこう。

その侍医だった松本良順《りょうじゅん》は、家茂の病気を「脚気《かっけ》」とし、心臓の内膜炎、手足の指先の麻痺、全身の水腫が日々に昂進して死に至った、と回想している（『蘭疇《らんちゅう》自伝』）。ビタミンB_1の欠乏による脚気が急激な心臓機能の不全をもたらすことは「脚気衝心」といわれ、こうなると二、三日で急死することが多いのだ。

将軍が長州追討の本陣大坂城のうちに病みついていたと知った時点で、大名・公卿たちからは続々と見舞いの品が同城に届けられた。その記録を見てすぐに気づくのは、「水菓子」「羊羹《ようかん》 百棹ずつ三折」「氷菓子」など、甘いものがやけに多いことである。七月二十五日、江戸城にいる和宮親子《かずのみやちかこ》内親王から届いた「御慰品《おなぐさめひん》」も、葛《くず》と砂糖であった。

これは、家茂が大の甘党だからこそ見舞品に選ばれた品々であったろう。そう考えると、このような嗜好と脚気衝心との関係がにわかに気になってくる。

この問題についてはかつて「徳川家茂は虫歯だらけ」というエッセイを書いたことがあるので、その一部を再掲したい。

昭和三十三年（一九五八）夏から一年半かけて増上寺《ぞうじょうじ》の徳川家墓所が改築された際、ようやくその結論が出た。東大理学部の鈴木尚《ひさし》教授（人類学）が出土した家茂の頭骨を調査したところ、大変なことが判明したのである。

「家茂の歯には虫歯が多過ぎる。彼の歯には下顎の左智歯《ちし》（親知らず）が生前脱落しているので、総計31本の歯のうちごく軽度の虫歯までいれると30本、実に97％の歯が虫歯におかされていた。そのうちひどいものは、上、下顎とも左右の第1大臼歯と下顎の左右第2臼歯で、歯冠は完全になくなり、歯根に達するほどの空洞ができている。一見健全に見えた前歯さえ、実は舌側面《したがわ》に齲蝕《うしょく》（虫歯の穴＝原注）があり、それを通じて歯髄腔《しずいこう》まで病気が進行していることが、エナメル質を通して覗《うかが》えた」（鈴木尚『骨は語る　徳川将軍・大名家の人びと』）

家茂の歯は「エナメル質が一般の人より明らかに薄いので、体質的に虫歯になりやすかった」とも鈴木尚教授は書いている。そこへもってきて砂糖菓子ばかり好んだものだから、虫歯から体内に毒素が大量に送り込まれ、ついには脚気衝心を引き起こした、と推察されたのである。

（『名将がいて、愚者がいた』講談社文庫）

家茂の死を受けて、七月二十七日、徳川宗家の相続者は一橋慶喜と決まった。ところが口八丁手八丁の慶喜は、しばらく将軍の喪を秘し、自分が名代《みょうだい》となって征長軍の士気を振起すると主張。八月十二日に出陣すると決めておいて、小倉口の征長軍瓦解と聞くや、あわてて二条関白に休戦を内願するという醜態を見せた。慶喜が「二心公」と渾名《あだな》されたのは、考えがころころ変わるからである。

しかも、長州は芸州藩経由で寛典に処すと伝えられても、朝廷からの直接命令でなければ安心できない、として領内の警戒を怠らなかった。長州藩は浜田藩領を預り地としたばかりか、小倉藩領では小倉城下をふくむ企救郡《きくごおり》の北半分を占領したまま慶応二年は暮れていった。

地上から消滅することを余儀なくされた浜田、小倉両藩の藩主一族と亡国の臣と化した家臣たちは、その後はたしてどのような道をたどったのであろうか。

第3章
幕末に誕生した四つの藩

郡《こおり》 長《なが》正《まさ》

会津藩家老・
萱野権兵衛の次男。
戊辰戦争後、
「萱野」姓を取り上げられ
この名を名乗った。

浜田藩はなぜ落城したか

本章では、浜田藩が落城に至った経過をより詳しく眺めてから、藩士たちがその後どうなったかを追いかけてゆく。

史料としては同藩の用人（家老に次ぐ職）生田精《いくたくわし》の書いた『涕涙余滴《ているいよてき》』があるが、これは漢文（しかも白文《はくぶん》）なので、『新編物語藩史』第九巻所収、矢富熊一郎執筆「浜田藩」の項の一部を引用することから始めよう。

慶応二年（一八六六）第二回目の長州征伐が令せられ、石州の戦争が起こった。同年六月十六日、長州石見口の参謀大村益次郎をはじめ井上聞多《もんた》（馨《かおる》＝原注）・杉孫七郎・河野通融《みちとう》らの指揮する一千余騎の長州兵は、早くも浜田藩と津和野藩との領境、多田《ただ》の扇原《おおぎはら》の関門に攻め寄せた。時に扇原の関門は関尹《かんいん》（関所の役人＝筆者注）岸静江国治《しずえくにはる》をはじめ、わずか数名の武士と多田あたりの狩人《かりうど》十数名によって守備されていた。

同日午後九つ時（十二時＝同）、一人の長州藩士が使者として関門を訪れ、関門の通過を要求した。静江はこの要求をはねつけて使者を追い返し、関門の守備をいよいよ固めた。やがて長州勢から打ち出す銃声に、石州口の（戦い〔欠〕の）火蓋は切って落された。小勢の関門は間もなく長州藩に占領せられ、銃丸に撃たれた岸静江は壮烈な最期を遂げた。（略）

　翌十八日長州軍は横田の本陣を出発し、再び扇原の関門を通過して益田へ攻め寄せた。（略）長州軍は間もなく益田川を敵前渡河し、医光寺の福山兵に迫ってこれを追い退けた。一方、万福寺に籠る浜田藩は、長州の南園隊に攻め立てられ、急に浮足立って東に血路を求め、四分五裂のまま総退却を始めた。この混乱に幕府の軍監三枝《さいぐさ》刑部《ぎょうぶ》・槍隊長山本半弥・剣豪永井金三郎らは枕を並べて敗死した。

　益田を退却した浜田・福山の幕軍は周布《すふ》まで退き、遅ればせに駆けつけた松江・鳥取・紀伊の後援部隊を加え、陣容を固めて決戦に備えた。益田において民心の収攬と次の攻撃準備をととのえた長州軍の南園・精鋭・清末《きよすえ》・国司《くにし》の諸隊は、七月十二日幕軍のよる大《たい》麻《ま》・雲雀《ひばり》・鳶ノ巣《とびのす》の諸陣に戦いをいどんだが、すでに戦意を失い浮足立っていた幕軍は総くずれとなり、浜田へ向かって退却したので、浜田の城下はあわてふためく町民のため秩序を失って大混乱を生じた。中でも幕軍の総指揮にあたった紀州田辺《たなべ》城主の安藤直祐《なおすけ》は、戦いの不手際に全く、人望を失い、非難の声を一身に浴びた。

　面目まるつぶれの彼は自軍を率いて江津《ごうつ》方面に遁走《とんそう》し、そのまま帰国の途についた。浜田へ退却した松江・鳥取・福山の諸軍は、浜田城を中心に守備を固め、一戦を交える意気に燃えていたが、浜田城主松平武聰《たけあきら》がすでに退去したと聞き、戦意を失った諸幕軍は、それぞれ帰国した。ために浜田城下は秩序を失い大混乱の状態となった。間もなく長州南園隊の佐々木男也《おなり》と滝弥太郎とは、浜田の光西寺に宿陣し、早速浜田の大橋に制札を立て、新しく浜田藩領を「長州預《あずかり》」とした。

藩主逃走の経過とその結果は、これにつづく部分で言及されている。

これより先、七月十七日浜田藩主の夫人寿子《ひさこ》（後の恵徳＝原注）と世子熊若丸《くまわかまる》（のちの武修《たけなが》＝同）とは数人の侍女とともに城中を逃れ、松原湾からひそかに海中に逃走、次いで藩主武聰も病身を冒し、用人の生田精に背負われて城中を脱し、ともづなを解いて洋中に逃れた。（略）

一行の船が陸を去ると、沖辺はるかに西から走って来た松江藩の第二八雲丸《やくもまる》に助けられて杵築《きづき》（現、大社町＝同）に入港した。（略）実に七月十八日の夕方であった。そして二十四日藩主一族は松江に入り、しばらく松江藩主松平定安《さだやす》のもとに身を寄せた。（略）八月二十一日武聰は松江を去り、藩主と骨肉の間柄にある鳥取の池田慶徳《よしのり》のもとに身を寄せた。

では、浜田藩に残っていた藩士たちはどうしたのか。

須藤喜六編著『はまだはん雑記』は『簾々記《れんれんき》』という史料を用い、「自焼退城四方山話《よもやま》」として左のように記述している。

松平武聡とその家族の退城は隠密裡におこなわれたのだが、すぐに話が漏れてしまって城中で会議がひらかれた。

藩士たちの意見は、どこまでも主君の供をすべきだ、とする説と、主君がいようがいまいが籠城すべきだ、とする説が対立。君主のいない城を守るのはまっぴらだ、という第三の主張も出てどうにもまとまらない。ついに、

「城と武家屋敷を焼き払って浜田を退こう」

と、自焼退城することに決定した。

日本海の松原湾に面した浜田城には亀山城という愛称があり、城下の武家屋敷は九百軒。そこに千百人の家臣団と三千人のその家族たちが暮らしていた。

ではその家臣団は、浜田を自焼退城してどこへゆこうとしたのか。ずばりそれは、美作《みまさかの》国《くに》にあった高八千三百石の飛地《とびち》領であった。

石見浜田藩六万一千石の松平家とは、越智《おち》松平家（三代将軍徳川家光の孫で、上州館林藩二万四千石に封じられた松平清武に始まる家系）のこと。この家系は松平武光が老中に任じられたことから六万一千石の所帯となり、武寛―武厚改め斉厚《なりあつ》とつづいて天保七年（一八三六）

に浜田へ移封《いほう》された。

しかし、浜田藩領の石高は六万一千石にはやや足りなかった。そこで幕府は美作の十七ヵ村八千三百二十五石五斗四升五合の農地を浜田藩松平家に飛地領として与え、六万一千石の家格を維持させたのである。

その飛地領は北組九ヵ村と南組八ヵ村から成り、前者は大庄屋福山元太郎、後者はおなじく大倉正一の支配にゆだねられていた。それぞれの村名と現在の地名を列記すると、以下のようになる。


〈北組〉

神代《こうじろ》村、油木北《ゆききた》村、油木下《ゆきしも》村本郷、油木下村分郷、里公文《さとくもん》村（現在の岡山県久米郡久米町）。

下打穴下《しもうたのしも》村、下打穴中《しもうたのなか》村、上打穴北《かみうたのきた》村、上打穴中《かみうたのなか》村（岡山県久米郡美咲町）

〈南組〉

大埇和西《おおはが》村、和田北《わだきた》村、角石祖母《ついしそぼ》村、境村（同上）。角石畝《ついしうね》村、和田南《わだみなみ》村、角石谷《ついしたに》村、三《さん》明寺《みょうじ》村（岡山市北区建部町）

これらの土地へ出発するにあたっては、「男女老幼を問わず士一人七両づつ、卒に五両づつ」が分与された（『浜田藩史』上巻）。支出総額は三万両。

七月十八日の今の時刻にして午後四時ころから武家屋敷町、二の丸、三の丸、三層の天守閣が次々と炎上していった背景については、寺井敏夫『殉難の碑　幕末浜田藩ものがたり』の記述が要を得ている。

　これらの様子をある藩士の方は次のように書き残しておられます。

「……万一の場合にと、前夜からひそかに、材木および茅《かや》や藁《わら》の類を二の丸、三の丸、そして天守閣に運び、これと同時に火薬庫を開き、数十の火薬樽を元に重ねる。午後四時頃なりき、櫓《やぐら》において開城の合図に板木《はんぎ》は鳴り響く。これと同時に城には火が放たれたり」

　また「御用帳」には次のように記されています。

「（略）にわかに城の板木が鳴り出すやいなや、ただちにお城、岡田屋敷、大橋などの番所、まぐさ小屋へは焼き草をもって大砲を撃ち込み、それぞれの屋敷にも焼玉《やきだま》大砲にて一時に焼き失せ、ために目も気も天を飛び、周章狼狽、言語道断なり」

　焼玉とは、砲の角度を四十五度に固定しておいて撃ち出す爆裂弾のこと。火薬樽やこれらを用いての自焼作戦だったのであれば、城郭や屋敷はひとたまりもなく焼け落ちたに違いない。

三千人の逃避行

石州浜田から作州（美作）をめざすには、まず山陰道を東進して松江から出雲街道に入り、中国山脈を南へ超える必要があった。

煙と火に追われ、長州兵の来襲に怯えながら山陰道を東へ東へと移動する浜田藩家中《かちゅう》三々五々の群れが続く。
幼児を背負う人、老婆の手を引く者、一人で杖にすがりつゝ一行の後を追う老人、着のみ着のまま雨にさらされ、風にもまれながらの一行は、杵築につき、松江に集結した。

（『はまだはん雑記』）

家臣団たち千百人は、先発隊、本隊、殿《しんがり》、別動隊にわかれて松江に入った。七月二十五日ごろのこと。右の引用部分には、ほぼ同時に松江をめざした非戦闘員の老幼婦女の姿が描かれている。

家老尾関隼人《はやと》、用人生田精以下の軍議は長州へ断固反撃と決まり、老幼婦女三千人は作州の飛地領の北組に千四百人、南組に千六百人を引き受けさせることになった。

右の引用文につづく部分により、この三千人の松江から作州への逃避行の哀れな姿を振返っておこう。

誰かの言い分に、

「ただ領地の中を動いただけだ」

と、口先で威張ってみたものの領地の大部分を奪われて追われての旅なのだ。こんなことは絶えてなかったことで（浜田藩は）不名誉な記録を残した。

米子・根雨《ねう》それから中国山脈の山越えになり、四十曲《しじゅうまがり》峠を過ぎて、実甘（みかも）・勝山・久世（くせ）に着く。ここで南組へ行く者と北組へ行く者とが別れる。（略）

年寄り・女・子どもの道中は困難で幼児を背負い、老人を助けて、後《おく》れる者もあり、道に迷う者もあった。（略）

当時を知る老人から聞いた話だが、

「浜田の落人《おちうど》が通ると言うので見に行った。道路側にうづくまっておる姿はほいとう（物乞い＝筆者注）のようだった」と。（略）

七月十八日、浜田をあとにしてから、およそ三百粁《キロ》の道をとぼとぼ歩いて作州のそれぞれの下宿先へ落付いたのは、先着が八月十二日、遅い人は九月中旬で、二十日から五十日以上もかかっておる。

着いてもそこに収容する施設があるわけでない。農家の座敷を借りての下宿住まい。何せたったの十七ヶ村、村と言っても現在の大字《おおあざ》のことで、まとめると一つの町ぐらいの広さの所へ、千軒に近い家中《かちゅう》三千人が、雪崩こんだのだから大変なことだった。来た者は途方に暮れ、引き受けた農家の迷惑もひどかった。

(略)風土が変わり食事も悪かったか、幼児若者の死亡が多かった。桑村の慈恩寺の墓場には、石で囲った所があり、幼児の合同墓だと言われる。

藩庁は作州十七ヵ村の受け入れ先に気を配り、到着より三日間は村方の賄《まかな》い、四日目以降は自分の手賄い(自炊)とするよう布令。五歳以上の者に一人扶持《いちにんぶち》(一日につき玄米五合、一年で一石八斗)を支給することにした。

『殉難の碑』によると、さらに藩庁は細かく指示したという。

一.鍋、釜、味噌、油、野菜もの、その外雑用買入れ代、一切払いいたすべく候こと。

一.膳、椀、飯台《はんだい》などは、宿にてご用立て申した旨、願出候につき、借り受け相用い申すべきこと。
一．傘、下駄、その外にても、入用の品買い入れ、宿が所持する雑具、相用い申すまじき事。
一．夜具の儀は、
十二人—十人まで　掛け布団三枚　敷布団三枚
九人—八人まで　〃　二枚　〃　二枚
七人—六人まで　〃　二枚　〃　一枚
五人—二人まで　〃　一枚　〃　一枚
一人は　〃　一枚

この慶応二年の九月二十九日は、今の暦の十一月六日。日ごとに寒さの募る季節の逃避行だったというのに、十人ないし十二人の者が掛け布団、敷布団三枚でどのようにして寝たのか。所属する藩が消滅してしまうと、武士階級とその家族を待っているのはこのような窮乏生活なのだ。

しかし、作州の飛地領の村民たちは次第に士分の者たちも気配りしていることに気づき、流れこんで来た人々を「はまだはん」と呼ぶようになった。これは「浜田藩」ではなく「浜田はん」、すなわち「浜田からお越しになったみなさま」の意味であろう。もちろん『はまだはん物語』の表題の平仮名部分も、この史実に基づいている。

鶴田藩の誕生

それでは幕府は、浜田藩領が長州の預り領とされてしまい、同藩主従が流転の境遇に落ちたことにどのように反応したのか。将軍家茂の正史にまったく記述がないのは、幕府が浜田藩を見捨てたためではあるまい。前章末尾で触れたように、当時家茂が死に至る病に苦しんでいたため、記述するゆとりがなかったのであろう。

しかし、家茂がすでに死亡したもののその死が秘密にされていた慶応二年八月十五日の時点で、幕府がまだ家茂が生きているかのように装いながら、松江城下に置かれていた浜田藩本陣にお使い番の赤井一学《いちがく》を派遣したことが知られている。

『はまだはん雑記』所収の史料『簾々記』は、原文の写真版と編者によるその読みとをそろって掲げているのだが、それによると家茂は、「浜田城が自焼に及び候」は「殊勝の至り」ではあっても「残念」と思い、「金千両」を与えるからひとりに二分《にぶ》（半両）ずつ「配分」せよ、といっている。幕閣が敗亡の浜田藩士たちに見舞金を与えたわけである。

八月二十二日、家茂の死と一橋慶喜の徳川家の家督相続が布告され、二十一日、孝明天皇は征長停止の沙汰を下した。さらに九月初めには老中板倉勝静《かつきよ》（備中松山藩主）が一万両を援助してくれたので、家老尾関隼人は九月末から十月初めにわけて、ゲベール銃二十挺を買いつけさせた。この時点で浜田藩は、まだ長州藩に雪辱戦を挑む機会をうかがっていたのだ。ちなみに幕長休戦協定は九月二日のことだから、尾関はその協定を無視してでも旧領を取り返す気だったのだろう。

しかし、長州藩は浜田に民政局を置いて支配を強化しており、その領地を返還することなどいっさい考えていない。それでは旧浜田藩松平家の収入は作州の飛地領から入る年貢高だけとなってしまうから、十一月二十八日、松平武聡は松江藩主松平定安《さだやす》の副書を添えて幕府に愁訴をこころみた。

その副書とは、松平武聡が七月に居城を引き払って弊藩に奇遇したが、「旧領」の「回復も期し難く」家臣団を扶助するのに差しつかえているので「苦難の情態」を「御憐察」いただきたい、という内容である。

そこで十二月二十一日、幕府は武聡に次のように指令した。

同侯（武聡）浜田へ帰邑《きゆう》（帰国）あるまでの間は、播州竜野領内にて、禄高二万石を下賜す。

（『維新前夜 石見之戦』）

「播州竜野」とは、今日の兵庫県たつの市のこと。竜野には竜野藩五万一千石脇坂家があり、右の二万石とは脇坂家の預り領を指していた。武聡は小なりとはいえ定収入を得た形になったが、十二月二十五日にはまだ三十六歳の孝明天皇がにわかに崩御。毒殺説が流れる不穏な空気の中で「征長」という勅命自体が過去のものとなっていった。

しかし、浜田藩六万一千石が竜野と作州の飛地領を合わせて二万八千三百石に落とされては、何かと大変である。松平定安は同情して武聡とさらに幕府に請願する方法を考えたが、時代は幕末最終の時期に差しかかりつつあり、松江藩も万事多端。あけて慶応三年（一八六七）二月まで、交渉は埒《らち》があかなかった。そこで旧浜田藩から、

「このたび（征長軍）解兵を仰せ出《いだ》され候については、殿様はじめ惣人数、作州御領分へお引き揚げ遊ばさるべき旨」（『簾々記』、読み下し筆者）

と幕府に問い合わせたところ、二月六日、作州表へ引き揚げよ、との回答が届いた。

鳥取藩の世話になっていた武聡と松江で再戦の支度に励んでいた藩士たちが作州入りしたのは、三月二十一日のこと。大庄屋福元太郎宅が本陣とされ、以後の旧浜田藩は鶴田《たづた》藩二万八千石となった。

鶴田という藩名には南組のうちにおなじ地名があり、鶴は縁起がよいとされていたことに由来するのであろう。二万八千石とは、竜野の二万石と作州八千三百石を合わせた数字なのに、

なぜか三百石分が無視されてこうなったのである（表高と実高の違いか）。

この年の十月十五日が、大政奉還。ついで慶応四年（一八六八）九月八日が明治改元だから、鶴田藩は短命におわることを運命づけられていた。

しかも鶴田藩の行手《ゆくて》には、なおも悲劇が待ち受けていた。

鳥羽伏見の戦いに参戦

薩長芸三藩の兵力一万二千八百が続々と入京して旧幕府側兵力と一触即発の形勢になったのを見た前将軍慶喜《よしのぶ》は、慶応三年十二月十二日、二条城から大坂城へと兵を引いた。前後して慶喜は、諸藩に大坂城に集まってから京へ北上すべし、と通達。雪冤《せつえん》の時至ると喜んだ鶴田藩の面々は、薩長との激突戦に勝利すれば旧浜田藩領を回復できると考えたのだろう、左のような部隊を大坂へ急がせることにした（『簾々記』と『殉難の碑』による）。

伊藤梓《あずさ》隊二十六人　十二月二十二日（二十四日？）
佐野鎮太郎《しずたろう》隊二十五人　同二十六日

野島平太郎隊　慶応四年一月五日夜
一色重蔵隊　同年同月五日夜
尾関秀之丞隊
岡尾精左衛門隊
花房馬次郎隊　六日
山田邦太郎隊
日高信助隊
河村亀八隊　七日
保岡源太郎隊

野島平太郎隊以下の九隊の人数は、二百五十人。この時代には多人数がおなじ方向へ一斉に向かうと道が大混雑となり、食事や宿に事欠くことがあるため、このように人数を何段階かにわけて出発させるのだ。

月日不明ながら野島隊以下九隊が作州の国境を越えて播州の三日月（現、兵庫県佐用《さよ》郡佐用町三日月）についた時、一月三日に開戦した鳥羽伏見の戦いの結果が報じられた。

一．去ル、伏見表ニおいて戦争打死《うちじに》并《ならびに》手負伊藤梓手（手は隊という意味＝筆者注）河村

鋼太郎、安達市太郎両人、伊藤梓は帰坂して死、中井亀吉、加藤丹九郎深手、小倉権三郎薄手
佐野鎮太郎手、増田倉次、桜木鋹吉途中にて落命
寺本惣太郎、大川東次、坂斉勝太郎薄手

（『簾々記』）

これを見ると先遣の伊藤隊、佐野隊計五十一人のうちから、死者五人、重傷二人、軽傷四人が発生したことになる。ゲベール銃やカラバイン銃を携行していったにもかかわらず、浜田藩改め鶴田藩はふたたび敗北を喫してしまったのだ。

『簾々記』のこの記述は一月七日の項と十日の項の間に月日を記さず書かれているので、同八日か九日のことと推察できる。

三日に開戦してから旧幕府軍が連戦連敗すると、六日の夜、慶喜は京都守護職松平容保《かたもり》（会津藩主）、京都所司代松平定敬《さだあき》（桑名藩主）、老中酒井忠惇《ただとし》（姫路藩主）、おなじく板倉勝静らを従えて大坂城から敵前逃亡。天満《てんま》の八軒家の舟着きから小舟で大坂湾へ漕ぎ出し、アメリカ軍艦で一夜を明かしてから旧幕府海軍旗艦「開陽丸」に乗り移って江戸をめざしていた。

ここで三日の鳥羽伏見の緒戦を振り返ると、彼我の先鋒の間で銃砲火がひらかれた時点で朝廷は、

「朝命を奉ぜずして兵を擁し上京する者は朝敵なり」（『明治天皇紀』第一）

との勅書を薩長に与えていた。この時点で元治元年（一八六四）の禁門の変以降、賊軍、朝敵とされてきた長州藩は官軍の美名を確立。七日には慶喜追討令が出されたため、旧幕府軍及び会桑《かいそう》両藩その他の佐幕派諸藩が賊軍と名指されることになったのだ。そうとも知らず長州藩への再戦をこころみた鶴田藩も、賊軍とみなされる事態に陥っていったのである。

野島隊以下の九隊は、十一日に鶴田藩領に帰着。十二日には伊藤・佐野隊の生き残りももどってきたが、その間に鶴田藩本陣には朝廷からの通達が届いており、十三日にその文書が目付部屋で藩士たちに公開された。

『簾々記』所収のその書面は『復古記』第一冊、明治元年正月十日の項に「農商布告」として掲載されたものとほぼ同一だが、前半で慶喜を追討するに至った事情を述べた文書の後半を要約して示そう。

今殿、仁和寺宮《にんなじのみや》（嘉彰親王《よしあきら》）に征討将軍を仰せつけたので、これまで二心をいだいたり賊徒に従っていたりした者でも、悔悟して朝廷の御用に立ちたいと思う者は寛大に登用する思し召しである。もっとも賊徒と謀《ぼう》を通じ、あるいは残党を隠し置く者は朝敵同様厳刑に処す。心得違いこれなきよう致すべき事。

これを受けて松平武聡とその家臣団は一斉に謹慎し、月代《さかやき》も髭《ひげ》も剃らないことにした。

ここで朝命に膝を屈するようでは、鳥羽伏見で戦死した者たちは犬死となってしまうではないか。そう考える者がいても不思議はないように思うが、このような意見を口にした者はいなかったらしい。

すると二月十九日、長州・因州（因幡鳥取藩）の代表から口頭で、松江藩と旧浜田藩が何をどのように申し合わせていたのか、その実情を糺《ただ》したい、との申し入れがあった。

第二次長州追討戦にあって松江・浜田両藩は石州口征長軍に属したし、その後も松江藩は再起しようとする旧浜田藩を助けてくれた。だからこの申し入れは、あきらかにそのことを念頭に置いた厭がらせである。

ところが三月二日になると、朝廷が二月二十八日に発した松平右近将監《うこんのしょうげん》宛の沙汰書が届いた。右近将監とは、武聡の官職名である。

慶喜骨肉兄弟柄に付而《ついて》は出格《しゅっかく》の思し召しをもって慎みに及ばざる事

慶喜は朝廷に恭順謝罪の気持を伝え、二月十二日以降は江戸城から上野寛永寺の大慈院に移って、これも月代や髭を剃らずに謹慎していた。朝廷はそれを殊勝なふるまいとみなし、実の弟の武聡に謹慎を免除すると伝えたのだ。

ただし朝廷は、鶴田藩が鳥羽伏見の戦いの旧幕府軍の一員として戦ったことを忘れてはいなかった。

右の沙汰書と同時に届いたと思われるもう一通には、あらまし次のようにあった。

先般伏見表において官軍と戦争に及んだのは容易ならぬことである。早々に上京し、(朝廷に) 相応の御用を与えられたいと願い出て、謝罪の実効をあらわせば寛大な処置を仰せつけられよう。

ただし戦争いたした家来の隊長その他重立った者には厳重に慎みを申しつけおくならば、寛大な処置があろう。

松平武聡のことは寛大に扱うかも知れないが、鳥羽伏見の戦いに参加した者たちの隊長や責任者は許さない、というふくみの感じ取れる文章である。

四月十一日、江戸城は無血開城となり、最後の将軍慶喜は引退して水戸へ去っていった。それでも長州藩に、旧領浜田を松平武聡に返す動きは見られない。

そこで鶴田藩領の農民代表四人が京へ上り、「復領」についての嘆願書を新政府に差し出したりしたが、うまくゆかなかった。

この動きと連係していたわけではあるまいが、閏《うるう》四月になると、鶴田藩の家老たちが肚《はら》を決めて行動しはじめた。家老は三人おり、筆頭の城代家老は尾関隼人。河鰭景岡《かわばたかげおか》と松倉正《まさ》道《より》が、これを支えていた。この三人が佐野鎮太郎と四人で嘆願書を作成し、鳥取・岡山両藩の池田家を介して朝廷へ差し出したのである。

この文書は『はまだはん雑記』に「佐野文書」として叙述されており、要約すると、

「長州藩と戦争の際、城を自焼したのも鳥羽伏見へ出兵したのも、右近将監病臥中のことで責任はすべて重臣どもにあり。作州のわずかの領地に移ってすでに三年、困窮飢餓旦夕《たんせき》に差し迫り、われら四人その罪逃れ難く連死《れんし》を遂げます」

となる。連死とは、そろって死ぬという意味である。

すると、在京の鳥取・岡山の両藩主から連名で、

「上席の者一人が罪を負えば、連死するには及ばないとの御内諭があった」

との返事がきた。そのため、尾関隼人のみが切腹することになった。

隼人は実の妹渡辺銀《わたなべぎん》に宛てた遺書を残している。ここではやや平仮名を多くして、その全文を読んでゆこう。なお、「おみの」とは隼人の正妻の名である。

一筆申し残し候。このたび、
御家の御ため割腹いたし候。必々《かならずかならず》驚きなげき申さるまじく候。この上、御家中《ごかちゅう》安堵の事に相成り候へばまことにもって有難き儀、少しも心残りこれなく候間、御自分儀折《せっ》角相厭《かくあいいと》ひ（充分に身をいたわって）無事にまかりあり候よう頼みいたし候。跡々《あとあと》秀之丞い

まだ年若、新一郎は幼年、おみのもおひおひ年取り候まゝ、お心添《こころぞえ》の儀あつく御頼み申し候。誠一郎（銀の孫）御勤めへよろしく申し伝え下されたく、この段申し遺し置き候也。

尾関隼人

閏四月五日認《したた》め置く

渡なべお銀殿

六十六歳だった尾関隼人は、閏四月十九日、京都本圀寺《ほんこくじ》で切腹し、その境内に葬られた。辞世が今に伝えられている。

時を待つ花の心を知らずして散り後《おく》れしと思ひける哉《かな》

尾関隼人の死は、劇的な反応を引き起こした。五月十日、朝廷は松平武聡と家中の者たちの「これまでの哀訴」を受け、作州九十六ヵ村、高二万七千八百六十三石五斗二升八合の地を同家に預ける、と伝達したのだ。

これに今までの飛地領である十七ヵ村、高八千三百二十五石五斗四升五合の地を加えれば、百十三ヵ村、高三万六千百八十九石七升七合となり、旧浜田藩時代には及ばずとも生活はかなり改善される。『はまだはん雑記』の編者須藤喜六は、

「この日を鶴田藩成立の日とすべきだと思う」

と述べているほどだが、同藩は明治二年（一八六九）九月十五日、さらなる幸運に恵まれた。明治元年閏四月以降は、政府の最高行政機構として太政官《だじょうかん》が設置されている。また石見国は旧幕府領、山口藩預り地、大森県の三つにわかれていたのだが、太政官がこの日、鶴田藩知事松平武聡に対し、左のような沙汰を下したのだ。

その藩（の）元管轄地（浜田藩領）石見国那賀《なか》郡そのほか、大森県管轄に仰せ付けられ候。ついては本禄の内、減少に及び居り候ところ、今般御詮議の趣これあり、不足高二万四千八百十石九斗二升三合、御蔵米《おくらまい》をもって藩禄として下賜候事。

但《ただ》し、美作国久米、北条両郡、そのほかとも高三万六千百八十九石七升七合（の）地所の儀は、これまで通り支配すべき事。

こうして鶴田藩の総石高は六万一千石となり、旧浜田藩のそれと同一になったのである。しかし、明治四年七月十四日鶴田藩は諸藩とおなじように廃藩となった。作州鶴田藩松平家は石州浜田藩時代の六万一千石をやっと回復したというのに、二年弱しか存続できなかったわけである。

また浜田藩江戸藩邸詰めの者たちからは、江戸無血開城後も上野の山に籠り、一時は三千人にふくらんだ彰義隊傘下の純忠隊に加わった者たちがいた。人数は九十六人。

そのすべてが慶応四年五月十五日の上野戦争に参加したわけではなく、戦死者と自殺者、行方不明者は各ひとり、戦死説のある者が五人しかいない。対して一度は新政府軍と雌雄を決しようとしたものの、戦わずして自訴（自首）謝罪を願い出、許されて鶴田藩の国許へ送還された者は八十人に達した。

もしかれらが上野で彰義隊とともに華々しく戦っていたら、のちの鶴田藩が六万一千石に復することなどあり得なかった。皮肉な言い方になるが、かれらは断固戦い抜くという決意に欠けていたためにこそ、主家の失地回復の邪魔をせずに済んだ、といえようか。

短命だった香春藩

つづいて豊前小倉藩十五万石の敗戦後の足取りを追ってゆこう。

「（慶応二年）八月一日に小倉城を焼いた小笠原家にあっては、忠幹《ただよし》夫人と四歳の世子豊千代丸が熊本藩細川家を頼って肥後へ向かい、藩士とその家族三万人は香春《かわら》へ移住していった」

と前述した。

小倉城は豊前企救《きく》郡にあるが、香春は同国田川郡にある（現、福岡県田川郡香春町）。なお豊前の六郡に及ぶ小倉藩の郡別の石高は左のようであった（『新編物語藩史』第十一巻「小倉藩」）。

企救郡	二万七千七百八十三石四斗
田川郡	三千六百三十三石一斗
京都《みやこ》郡	二万二千二百二十二石七斗
中津郡	二万七千六百四十二石三斗
築城《ついき》郡	一万五千五百五十六石七斗
上毛《こうげ》郡内	二万七百六十一石六斗

これらの合計で十四万九千九百九十九石八斗となり、四捨五入すれば十五万石という数字が得られるのだ。

しかし、小笠原家が小倉城のある企救郡を捨てて田川郡香春へ藩庁を移したのは、実質的に小倉藩が消えて香春藩が生まれたということである。その香春藩を十五万石という人があるが（『三百藩藩主人名事典』四、「香春藩」米津三郎執筆）、厳密にいえば企救郡がすでに長州藩に占領されているのだから、同藩の石高は十二万二千二百十六石四斗でなければならない。

もちろん旧小倉藩士たちは、香春へ引き移ってからも指をくわえて失われた企救郡の方角を見つめていたわけではない。家老の島村志津摩《しづま》の指揮のもと、小倉に本陣を置いた長州兵に逆襲をこころみた。そしてたがいに勝敗があるうちに九月十日となり、幕府からの上使松平権之助が香春にやってきた。

「定《さだめ》て将軍家より大軍を差し向けらるる御沙汰ならん」（『豊国戦記』）

と小笠原家家中の者たちが喜んで迎えたところ、上使は家老小宮民部に対し、金二千両と米千五百俵を下賜するとして次のような文書を与えた。

一．別紙の通り。御所（朝廷）より仰せ出され候間。取計方《とりはからいかた》の儀。芸州表において松平安芸守《あきのかみ》（芸州広島藩主浅野茂勲《もちこと》）へ相達し候。ならびに在坂の軍目付《いくさめつけ》へ達せらるべく候。

（略）

別紙

一．大樹《たいじゅ》（将軍家茂）薨去《こうきょ》。上下哀情のほどもお察し遊ばされ候につき。暫時《ざんじ》兵事見合はせ候よう致すべき旨。御沙汰に候。ついてはこれまで防長隣境において侵掠《しんりゃく》の地早々に引払ひ。鎮定まかりあり候よう。取計らるべく候事。（『慶喜公御実紀』慶応二年九月十日の項）

これに対して長州藩がどう反応したかは、『防長回天史』第九巻に詳しい。しかし、それを引用、紹介していると膨大なページ数が必要になるので、同史料に基づいて執筆された『新編物語藩史』第十一巻所収、近田吉夫「小倉藩」の簡潔な記述の方を引いておこう。

（上使がやって来て以降も）小倉対長州の戦いは私的な戦争として、その後もなお四ヵ月余続くのである。

十月四日長州軍は小倉に侵入し、高津尾《こうづお》を占領した。小倉軍は島村志津摩の指揮で田川郡への関門である海抜二一七メートルの金辺峠《きべ》に退き、ここを死守線と定めた。十月十日肥後（熊本藩）および薩摩の代表と連絡をとり、その代表が香春にきて事情を聴取し、小倉藩は和平斡旋を依頼した。だがすでに小倉・足立・蒲生《がもう》一帯の企救郡北半は長州の奇兵隊に占領されていた。和平の条件について、長州側は島村の首、豊千代丸の人質など無理な条件を提示した。小倉藩としては、到底受諾できないものであった。ついに十二月二十一日に至り、小倉藩は豊前六郡全部を解放して長州の手に委《ゆだ》ね、藩士家族全員は熊本藩を頼って肥後に移動する開国宣言を長州藩庁（当時は山口にあった＝原注）に通告した。

この場合の「開国」ということばの意味については、『防長回天史』第九巻に、「国土（藩領）抛《なげう》ち他に赴《おもむ》くの謂《いい》にして小倉藩は藩主以下士卒一体に豊前六郡の旧封地を去るの議を決したるにて妻子眷属《けんぞく》は肥後の細川氏に収容を嘱《しょく》し男子は他に便宜の方法を求るの意なり」

との解説がある。

「長州藩に企救郡を奪われてしまったのだから、ほかの五郡もくれてしまえ。持ってけ、泥棒！」

といっているような、破れかぶれでやけっぱち気味な議論だが、これで藩論がまとまったというのが不思議なところではある。

これは小倉藩領ではないが、豊前には日田郡《ひた》という幕府の天領がある。小笠原家家中の面々は、兵たちを日田に移して長州藩に雪辱戦を挑もうと考えていたようである。

ところがこの「開国」の方針を知った長州藩は十二月十七日、奇兵隊の山県《やまがた》狂介（のち有朋《ありとも》）と時山直八の口から、

「長州藩は決して強《きょう》に媚《こ》び弱《じゃく》を凌《しの》ぐの意なきに由《よ》り開国は之《こ》れを止《や》め姑《しばら》く留《とどま》りて田川郡に居《お》らんことを」（『防長回天史』第九巻）

と小倉藩に通達。小倉藩側がこれを了承した結果、慶応三年（一八六七）一月二十二日に周防国小郡《おごおり》の茶亭で小倉・長州会談がおこなわれ、

「企救郡の儀は当分（長州藩が）お預りに候へども余郡は（小倉藩が）御支配なされ候儀当然の儀」（同）

という取り決めで講和条約がむすばれた。

厳密にいえば豊前小倉藩十五万石小笠原家は、この時点で豊前香春藩十二万二千二百石の小笠原家となったのである。
その後の香春藩の歩みについては、『三百藩藩主人名事典』四、「香春藩」「小笠原忠忱《ただのぶ》」の項に左のような記述がある。

企救郡を失い、戦争で農村の荒廃はひどく、年貢徴収も円滑に進まず、武士は寺や民家に起居し、衣服も家財もなく、藩士へは身分の上下に関係なく一人五合の面扶持《つらぶち》を実施した。所有する蒸気軍艦は年賦残金が払えず幕府に献上し、大坂屋敷は幕府に売却した。藩士一同は国基恢復の血誓をし、藩校も再開、賢良を選んで藩政の要路に登用し、混乱の中から新生への道を歩みはじめた。忠忱（幼名千代丸）も肥後から香春に帰り、（慶応三年）六月二日父忠幹の喪を発し、襲封した。十月十四日十五代将軍慶喜は大政を奉還、翌四年鳥羽・伏見の戦が起こり、朝廷は慶喜追討の出兵を各藩に令した。香春藩も兵力を差し出した。次いで奥羽列藩同盟征討のために出兵した。これらの功により明治二年六月、忠忱には永世五千石が与えられた。

香春藩は鶴田藩と違って変わり身が速く、戊辰戦争にあっては新政府軍側についたため、その後は上昇気流に乗ったように読める。しかし、香春に藩庁を移して家中全員が赤貧洗うがごとき暮らしをしていた時点では、「昼夜の談話」はすべて怨み言ばかりだった、と『豊国戦記』はいう。

なぜ幕府軍は小倉から逃げ去ったのか。老中小笠原長行は不義者ではないのか。小倉城を自焼させた小宮民部の判断ほど憎むべきものはない、……。

これらの冷たい視線ゆえであろう、慶応三年二月にみずから家老職を辞していた民部は、政事筋不行届《ふゆきとどき》という理由で隠居謹慎を命じられた。そして明治二年十一月二十二日に原主殿《とのも》の屋敷に預けられると、同月二十九日に自刃して果てた。享年四十七。これは望んで切腹したのではなく、詰め腹を切らされたのであろう。

ちなみに、四重五階建ての小倉城天守閣は天保八年（一八三七）に焼失。幕末を迎えても再建されなかったが、絵図によって千鳥破風《はふ》や唐破風のないシンプルな外観だったことが知られている。

しかし、昭和三十四年（一九五九）に鉄筋コンクリート製で復元されたこの天守閣には、大小の千鳥破風と唐破風がつけ足されてしまった。ためにこの天守閣は、城郭愛好者の間では「復元とはいえない復元の典型」と決めつけられて今日に至っている。

豊津藩への留学生

明治二年（一八六九）六月には、版籍奉還がおこなわれた。これは、全国二百七十八藩の藩主が版図《はんと》（領土）と戸籍（領民）を天皇に返還したのである。

香春藩は六月十八日に版籍を奉還し、小笠原忠忱は藩主改め知藩事に任命された。

ところでこの時、豊前国の企救郡はどうなっていたのか。長州藩が版籍奉還をおこなったのは、明治二年一月二十三日のこと。企救郡も長州藩によって天皇に奉還されてしまい、政府直轄地である豊後国日田県の管轄とされたが、長州藩による占領は明治三年二月までつづいた。

香春藩は、版籍奉還をきっかけとして人心を一新し、藩の実力を養うために城下町を香春から中津郡の錦原へ移すことにした。

豪商・農の大きな出財によって新藩都の建設が進み、明治二年十二月錦原に移転した。

翌三年正月錦原を豊津と改め、十五日開庁式を挙行した。忠忱は改めて豊津藩知藩事となった。（略）豊津では藩士の俸禄米を大幅に削って再建が進んだ。藩校育徳館を開校し、大橋には洋学校を開いて西洋の学問普及をはじめ、また米国人を雇って機関の講習をしたり、英国に留学生を派遣するなどした。

（『三百藩藩主人名事典』四、「香春藩」）

右の事典が豊津藩のことも十五万石としているのは従えない。いずれにしても豊津藩は、明治三年になってから誕生した珍しい藩であった。

豊津とは、今日の福岡県京都郡みやこ《みやこ》町。平成十八年（二〇〇六）三月二十日以前は同郡豊津町であったのに、勝山町、犀川《さいがわ》町と合併してみやこ町となったのだ。これは余談だが、このような町村合併によって由緒ある地名が消されてしまうのを私はよくない傾向だと思っている。

さて、右の引用文だけを読むと、豊津藩は豪商、豪農から藩士までが新たな藩都と人材の育成に情熱を傾けていたという印象を受ける。

しかし、豊津藩の雰囲気は必ずしも明るいだけのものではなかったようだ。この問題については、大正年間に豊津中学校（現、福岡県立育徳館高校）で数学と理科を教えた秦《はた》四郎が『郡長正《こおりながまさ》の話』（一名『秦回想録』）の中で興味深いことを述べている。

それは豊津藩士には面倒な頑固さがあって、維新の時、長州藩と戦い又秋月藩とも戦ったのでありましたが、決してそれ等に敗けたとは言わないのでありました。色々の実情を聞いて見ると敗けて逃げたのに違いないと思われるのでありましたが、小倉の城を焼いて豊津へ移ったのも御変動という言葉でごまかしている。私の下宿して居た上坂《かみざか》の関さんのお婆さんも矢張り藩士の娘だったのでしたが、「御変動の時は、私は十三歳でしたが、熊本まで歩いて逃げました。細川様は小笠原と御親族なので、そこまで歩いて逃げたのでしたが、途中で草履の緒を切らして跣《はだし》で歩いたこともありました」……と言ったものでした。それでも豊津の藩士は負けたとは言わなかったのでした。

こういうことばのごまかしは、その後の歴史にもあらわれる。第二次大戦中の日本軍が「撤退」を「転進」、「敗戦」を「終戦」と言い換えたことなどはその典型であろう。

ふたたび豊津藩の成立直後を振り返ると、藩校育徳館開設のころ、その学生たちを下宿させていた河村元造（元小倉藩士）は学生たちが「よく粗衣粗食に耐えて専心勉学につとめたこと」を老人になってからも強調したものだった、と秦四郎は回想している。

だが、「粗食」は第三者にとっては「まずい食事」でしかない。このことから育徳館で大問題が起こったのは、明治四年（一八七一）のことであった。

詳しくは後述するが、鳥羽伏見の戦いにおける旧幕府軍の中でもっとも力戦した会津藩とその藩主松平容保は、江戸へ逃げ帰った最後の将軍慶喜が水戸へ引退すると最大の賊徒、朝敵とみなされた。その結果、新政府軍に城を包囲されてしまった会津藩は、三千以下の死者を出したはてに明治元年九月二十二日に開城降伏。滅藩《めっぱん》処分とされたばかりか、容保の命を助ける代償として家老の萱野権兵衛《かやのごんべえ》を切腹刑に処さざるを得なくなった。

萱野家は姓も剝奪されたため、遺族たちは郡姓《こおり》となって生きてゆくのだが、権兵衛の次男で安政六年（一八五六）生まれの乙彦は、父の死後は郡長正と称した。

明治三年、会津藩が斗南《となみ》藩三万石として再興を許されると、同藩の権大《ごんの》参事（家老）山川《やまかわ》浩《ひろし》らの立てた方針であろう、長正をふくむ七人の藩士子弟が豊津藩校育徳館に留学することになった。

しかし、これらの留学生を受け入れた豊津藩は藩庁を香春から豊津へ移したばかりで、藩士たちの禄高も大幅に削られている。藩校寄宿舎の食事は粗食というもさらなるものだったらしく、明治四年のある日、長正は母宛の手紙に何気なく書いた。

「藩侯（小笠原忠忱）の厚遇の下に無事勉学にいそしんでいるが、こちらの宿舎では食事が良くないのでつらい思《おもい》をしている」（『郡長正の話』）

これが問題となったのは、長正がこの手紙を校門前に落とし、拾った数人に読まれてしまったからである。

「この藩今日の窮乏の実情を察しない怨言《うらみごと》である」

「ましてや自らはほかの藩に厄介になっている身分ではないか」

「粗末なりといえども君公から賜わる食事ではないか」

といった地元学生たちの声は、ついに、

「藩侯の耳に入ったら何とするか。この際いさぎよく切腹して申し訳としたらよかろう」

という論理へと飛躍した、と『郡長正の話』はつづいてゆく。

明治二年十一月二十二日、小倉城を自焼させた家老小宮民部を自刃に追いやった者の子弟たちは、まずいものをまずいと書いてしまった長正に対して牙を剝き出したのである。

ことが面倒な事態になりかけたため、「学校当事者」たちは矢留浦《やどめうら》というところにある豊津藩の「御目付の役宅」へ長正の身柄を移し、「寄宿舎内生徒」の「動静」を見守った。

すると「案外に静穏」だったため、「十五日許《ばか》り」のちの明治四年五月一日、長正は寄宿舎にもどされた。

しかし、寄宿舎に帰ってきた長正は斗南藩からの留学生仲間で従兄弟《いとこ》の間柄でもある神保《じんぼ》岩之助十七歳に告げた。

「命を惜しみながら矢留浦に過したと思われるのは残念である」

しばらく黙って長正を見つめていた岩之助は、やがて答えた。

「よろしく会津武士の面目を全うして切腹せよ。介錯《かいしゃく》は自分がしよう」

このやりとりはただちに留学生仲間に伝えられ、「誠に武士だ」ということばで長正の選

択は肯定された。そこで訣別の「盛餐《せいさん》」がおこなわれることになり、炊事場で料理が作られたものの、

「その御馳走は葱《ねぎ》と油揚げとを煮たものと米の御飯だけだったとのことであります」

訣別の「盛餐」の副食が「葱と油揚げとを煮たもの」だけだったというのだから、通常の食事の副食はこれより劣っていたわけであり、長正が母宛の手紙に「食事が良くない」と書いたのはデフォルメではなかった、と判じられる。

さらに『郡長正の話』は、こうつづいてゆく。

長正はかうした最後の盛餐の後、神保を顧《こ》みて切腹の場所を作らせました。（略）間もなく一切は終ったのでありました。河村老人が夜明けに駆けつけた時には、長正の遺骸は甲塚《かぶとづか》という長養池の北方の丘の上を占める共同墓地に埋められていたということでした。（略）

（略）甲塚の墓は、その後まもなく生徒の手で集められた金で作られたとのことで、今日見られるものがそれであります。（略）そこは共同墓地で数十基の墓が並んで居ましたが、その総《す》べての墓とは違って一つだけが方向を正反対にしていました。その表面には斗南藩郡長正と記されてありました。その方向は会津の方向なのでありました。

郡長正は、享年十六であった。

右の引用文で注目したいのは、長正を非難した地元生徒たちもその墓を建てるための醵金に応じた、とされていることである。熾烈《しれつ》な最期を遂げた紅顔の美少年郡長正は、士道を貫いたという一点において、長州藩に敗北した小倉城と企救郡を捨てたことを「御変動」とごまかしてきた人々の子弟の胸を打ったのだ。

育徳館が旧制豊津中学校となり、昭和二十三年（一九四八）に福岡県立豊津高等学校となってからも、長正の責任の取り方は長く伝えられた。

大切な学校行事に際し、全校生徒はその墓前に詣でて覚悟のほどを誓う。何か悪さを仕出かした者は長正の写真の前に正座させられ、あるいは教師に一喝される。

「郡長正の墓まで一周してこい！」

昭和三十一年十月、豊津高校は創立七十周年事業の一環として、卒業生の発案によって中庭に郡長正記念庭園を造営し、永遠に保存することにした。

これを受けて長正の故郷である福島県会津若松市は、この記念庭園に会津の石をふたつと「石を贈る詞」とを贈った。

少年武士郡長正の／殉節に敬意をささげ／育徳館自刃の跡に／鶴ヶ城の古石を運び／萱野家ゆかりの石を添え／遺芳の精華として／出身地　会津の／名によって之を贈る／昭和

三十一年十月十七日／会津若松市

「鶴ヶ城」の古石とは本丸の茶室にあった自然石、「萱野家ゆかりの石」とは同市の天寧寺《てんねいじ》にある萱野家墓域から運ばれた土台石である。

幕末維新期に時代の動乱ゆえに起こった藩と藩との交流が、このような形で今日に受け継がれているのを知るとしみじみとした気分にさせられる。

豊津藩は明治四年七月の廃藩置県で豊津県となり、小笠原忠忱は知藩事を免じられた。それを思うと、豊津藩もきわめて短命な藩であった。

鳥羽伏見戦争後に生まれた岩国藩

ここまでに登場した鶴田《たづた》藩、香春《かわら》藩改め豊津藩の共通点は、第二次長州追討戦に際して長州藩に敗れ、藩領を占拠されてしまったため、止《や》むなく藩庁の地を移すことによって成立した、という点である。

これに対して、幕末の動乱期に長州藩毛利家の危機を救ったことが高く評価されて立藩を認められた藩も存在していたので、次にはこの藩のことを見てゆこう。

それは、周防国《すおうのくに》岩国（現、山口県岩国市）におかれた岩国藩六万石の吉川《きっかわ》家である。その成立は慶応四年（一八六八）三月だから、岩国藩は鳥羽伏見の戦いがおわってから二ヵ月後に誕生したことになる。

もうすでに新政府が生まれ、総裁有栖川宮熾仁《ありすがわのみやたるひと》親王を東征総督とする大総督府と付属の兵力が江戸へ進撃しつつある時期に、なぜ岩国藩は産声《うぶごえ》を上げたのか。この問題を考えるには、一度時計の針を慶長五年（一六〇〇）九月十五日の昼前まで巻き戻す必要がある。

戦国時代には「毛利の両川《りょうせん》」という表現があり、その両川とは毛利本家の毛利元就《もとなり》の次男元春《もとはる》が相続した吉川家とおなじく三男隆景《たかかげ》の継いだ小早川家を指していた。毛利元就は五十歳の時に隠居して本家を長男隆元にゆずり、毛利・吉川・小早川の三家がいつも協力し合ってゆくよう命じたとする「三矢《さんし》の教え」の伝説――矢は一本なら人の手で簡単に折れるが、三本なら折れないと諭した、という話はよく知られている。

さて、関ヶ原合戦当時の毛利家当主は隆元の子の輝元である。輝元は豊臣五大老のひとりであったことから西軍主将として大坂城に詰め、いくさのなりゆきを見守った。

では「毛利の両川」の当主はどこにいたかというと、吉川家は元春―元長―広家（元長の弟）とつづき、この広家が輝元の養子秀元とともに西軍の将として徳川家康の本陣から西南へ二里の南宮山《なんぐうざん》に布陣。小早川秀秋（隆景の養子）は、中山道《なかせんどう》の不破《ふわ》の関の十町（一〇九〇メートル）南、松尾山の山頂にあり、先鋒の鉄砲足軽たちは銃口を東軍徳川方へ向けていた。
小早川秀秋が開戦後しばらくしてから西軍を裏切って東軍側にまわったことは、これまたよく知られている。毛利秀元と吉川広家はどうしたかというと、最後まで戦闘に加わらないという傍観者的な態度をとった。そして、それは家康も承知している約束ごとでもあった。

というのも秀元と広家はもともと家康派の黒田如水《じょすい》・長政父子と親しくしており、家康が会津の上杉景勝《かげかつ》を討つと見せて下野国《しもつけのくに》の小山（現、栃木県小山市）まで北上した際には黒田家の父子を介し、

「輝元・秀元心ならずも大坂（石田三成の出兵の）催促に応ずといへども、全く本意《ほい》にあらず。願《ねがわ》くは御免を蒙《こうむ》り反忠《かえりちゅう》（裏切り）すべしとの所存に候。此旨《このむね》内府公（内大臣＝家康）へ仰《おおせ》通せられ下さるべし」（『改正三河後風土記』）

と、西軍からの寝返りを約束していた。

なお、なぜこの時代に寝返り・裏切りが「反忠」（「返り忠」）ともいわれたかというと、Aを裏切ってお味方します、といわれたBにとって、寝返り・裏切りは忠なる行為と感じられるからである。

この返り忠の約束があったために秀元・広家の両軍は南宮山を動かなかったのだが、この山にはやはり西軍の安国寺恵瓊《あんこくじえけい》、長束《なつか》正家、長宗我部盛親《ちょうそかべもりちか》の兵力も布陣していた。これら三将の使者から出動をうながされても、広家は、

「これから弁当を食べるところだ」

といって断ってしまった。このエピソードは、「宰相殿の空弁当《から》」といわれる。秀元や広家が西軍を見限ったのは東軍の勝利を予期していたためであり、東軍が勝っても毛利とその両川の三家は何としても存続させる、という懸命な策略でもあった。

では、家康がその後この三家をどのように処遇したかを見ておこう。

まず毛利輝元は、安芸広島百十二万石から防長二州三十六万九千石に移され、居城を萩城とした。これは石高を大幅に削られたことから見ても左遷だが、やはり豊臣家五大老の仲間で備前・美作五十数万石の大大名だった宇喜多秀家などは全収入ばかりか家名まで奪われて絶家処分とされ、八丈島への終身流罪とされている。毛利本家が、秀元・広家のおかげで大名家として存続できたことはあきらかである。

小早川秀秋はそれまで筑前名島《なじま》三十五万七千石のあるじであったが、家康から返り忠の功を愛《め》でられ、備前・美作四十七万石を与えられて岡山城に封じられた。しかし二年後に子のないまま急死し、小早川家は断絶してしまった。

対して吉川広家は、豊臣秀吉政権の下では天正十九年（一五九一）に安芸・伯耆《ほうき》・出雲のうちの七郡と隠岐国《おきのくに》を合わせて十一万石を与えられ、出雲の月山富田城《がっさんとだ》を居城としていた。関ヶ原における「宰相殿の空弁当」は小早川秀秋のような積極的返り忠ではなく「消極的の裏切」りだったから（徳富蘇峰『近世日本国民史』第十一巻「関原役」）、吉川家も毛利本家同様に減封され、広家は六万石を与えられて岩国城に封じられた。

では、この時点で広家が岩国藩を立藩し、岩国藩吉川家の初代当主となったのか、というとそうではない。正しくは岩国藩ではなく「岩国領」というべきなのだ。

なぜ「岩国領」なのか、という問題への答えになりそうな文章をまず引用してみよう。

いわくにはん［岩国藩］（略）正式な立藩は、一八六八年（明治元）吉川経幹《つねまさ》が大名に列せられた時であるが、吉川氏による岩国支配は、一六〇〇年（慶長五）毛利一族の吉川広家が岩国を与えられた時点にさかのぼる。以後一三代にわたって支配。（略）吉川氏は大名並の待遇を受け、大名並の義務を求められながら、形の上では幕末まで毛利家の家老として位置づけられた。詰席《つめせき》は柳間《やなぎのま》。

（『日本史広辞典』）

岩国吉川家が十三代にわたって領主の座にあり、石高も初め三万石、のち六万石と大名となる資格を有しながら大名となれなかった背景には毛利家との円満ならざる関係がある。そう指摘する文章もあるので、これも頭に入れておこう。

いわくにはん［岩国藩］（略）二代広正は輝元の娘を妻とし、秀就《ひでなり》（輝元の長男）とも親密であったが、輝元の養子秀元が長門国豊浦郡《とよらぐん》にて三万六千余石（のち八万三千余石＝

原注）を領し、次男就隆《なりたか》が周防《すおうのくに》国都濃《つの》郡にて三万石（のち四万十石＝同）を分知されて、ともに諸侯（大名）の列に加えられたのに反し、吉川家は広正以後も長く宗支《そうし》（宗家と支家）の関係は次第に冷却し、家中諸士の反目もはなはだしかった。（『国史大辞典』1）

なぜ毛利本家と吉川家の関係が冷えきったのかという問題に触れた史料としては吉川家の書いた「密録」があり、そこには毛利輝元が、家がつづいてきたのは元就が毛利本家を相続できるよう尽力してくれた福原広俊のおかげだ、とだけいって広家の努力にはまったくふれていないので面目を失った、と書かれている（『新編物語藩史』第九巻所収、桂芳樹「岩国藩」）。毛利輝元には、吉川広家のおかげで毛利本家が関ヶ原以後も大名家として存続できたという思いがある反面、広家のおかげで石高百十二万石から三十六万九千石へ削減されてしまった、という無念の思いも錯綜していたようである。そして、その複雑な感情が長州藩の歴代藩主に引きつがれ、岩国吉川家を大名として立藩させてほしい、と幕府に願ったりする気にはなれないまま幕末を迎えてしまったのだ。

では、その岩国吉川家が慶応四年三月になってから立藩を許された理由は何か。

それは第1章で述べたように、第一次長州追討に際して吉川経幹が征長軍を代表して岩国入りした西郷吉之助と会見し、禁門の変を起こした責任者として三家老四参謀の首を差し出すように、との注文を受け入れることによって長州藩の危機を救ったからである。

さらに経幹は、慶応二年（一八六六）六月、幕府が長州藩の恭順を認めず第二次長州追討戦に踏み切るや、率先して芸州口で毛利本家のために戦った。吉川家は広家の代と経幹の代に、毛利本家存続のために尽力した形である。

これを見て長州藩主毛利敬親は、慶応四年三月十三日、朝廷に上書して吉川家を毛利家の末家とするとの宣旨《せんじ》を拝受。吉川家は閏四月十九日に諸侯に列し、六月九日さらに城主格を許されてようやく岩国藩となることができたのだ。

しかも、この物語の背後には秘められたストーリーがあった。いささかトリッキーな面もある話なので、まずは通称を監物《けんもつ》といった吉川経幹の隠居とその長男芳之助の家督相続についての記録から眺めよう。

時山弥八『もりのしげり』といえば毛利本家と支族の百科事典と形容したくなる労作だが、同書所収「毛利氏史要年表」は、「吉川監物隠居」を「明治元年十二月八日」のこととし、「岩国吉川監物隠居吉川芳之助（後駿河守経健《するがのかみつねたけ》＝原注）ニ家督ヲ許サル」と「摘要」の欄に書いている。そこで次に「吉川芳之助叙任」の「明治二年正月廿四日」を見ると、

「岩国吉川芳之助駿河守ニ任シ従五位下《じゅごいげ》ニ叙ス」

と「摘要」にある。

岩国藩はこの経健の代に廃藩となるから、藩主としては経幹が初代、経健が二代目だった、

ということになりそうである。

　ところが、実はそうではない。

「毛利氏史要年表」をさらにたどると、「吉川監物卒去」は「明治二年三月二十日」のこととされている。これが正しければ、経幹は文政十二年（一八二九）九月三日生まれだから、享年は四十一だったはずである。

　しかし、同項の「摘要」には一見奇妙なことが書かれている。

「岩国藩主十四代主（元春ヨリ　吉川監物経幹岩国ニ卒去ス　実ハ慶応三年三月二十日）年四十一（以下略）」

　とあって、経幹は実は明治二年三月二十日に四十一歳で死亡したのではなく、その二年前の慶応三年三月二十日に三十八歳で逝去していたというのだ。

　それにしても、経幹はなぜ死亡後二年間も生きていたことにされたのか。

吉川家の家格昇進運動

　それを知るには、『吉川経幹周旋記』六（日本史籍協会叢書73）の巻末に付された藤井定文の「解題」を読むのが早道である。

この文章では経幹が慶応三年三月二十日の午後四時過ぎに逝った事実が紹介されたあと、「猶《な》ほ暫《しばら》く喪を秘して発せず、危篤の儘《まま》で嗣子《しし》の経健が藩政を代行した」とされ、次にようやく死が公表されなかった理由が明らかにされている。

維新の大業が成るや、明治元年三月十二日朝廷は経幹の家格を昇《のぼ》せて藩屏《はんぺい》（大名）に列し、閏四月十九日従五位下に叙し、駿河守に任じた。六月九日更に城主格に進められ、多年の勲功を賞せられた。その御沙汰に曰く、『嚢祖《のうそ》元春朝臣《あそん》、忠勇抜群、宗家を補佐して王事に勤労す、武門の亀鑑たり、奕世流芳《えきせいりゅうほう》（名声は代々に伝わり）、宗家に恭順し、宗支とも勤王の実効益々《ますます》顕《あら》はる、叡感斜《なな》めならず』云々《うんぬん》と。同年十二月二十日初めて経幹の喪を発し、岩国の洞泉寺の後山に葬った。

さて、ここで経幹の「多年の勲功」を賞しているのが明治天皇であることはいうまでもない。江戸幕府が存在していた時代には、将軍はだれに立藩させるかを決める力を持っていた。王政復古以降はこの権力も天皇に帰したから、経幹は天皇の沙汰書によって単なる領主から城持ち大名へと家格を昇進させることができたのだ。

その沙汰書に「宗家に恭順」「宗支とも勤王」などと毛利家に言及したくだりがあること

からも、吉川家の家格を昇進させるについては毛利敬親の請願があったことは間違いない。敬親は念願の王政復古を果たした時点で毛利家歴代が吉川家を冷たく扱っていたことを反省し、岩国領を岩国藩に格上げさせるべく運動を始めたのである。

しかし、吉川家を格上げしようとしたというのに当主はすでに死亡している、というのではどうしようもない。そこで敬親は吉川家に「猶ほ暫く」喪を秘すよう命じた上で、明治天皇に請願をこころみたのであったろう。

明治二年六月九日に皇居に参内した吉川経健が、十日には敬親を訪ねて「城主格ニ列セシヲ謝シ」たのも、宗家の当主の尽力によって名誉の沙汰があったことをよく知っていたために違いない（『防長回天史』第拾巻）。

それにしても、鳥羽伏見の戦いもおわってから生まれた藩があったとは、「ちょっといい話」なのか「ちょっと変な話」なのか、判断しにくいところではある。

第4章
戊辰戦争の敗者たち

河井継《つぎ》之《の》助《すけ》

長岡藩家老。
戊辰戦争に際して
唯一武装中立策を
模索した人物。

勝者の驕《おご》り

慶応四年（一八六八）四月十一日に江戸が無血開城すると、その夜から抗戦派の旧幕府兵、会津・桑名両藩の江戸残留組その他およそ二千五百の兵力が下総《しもうさ》の市川へ脱走し、「旧幕江戸脱走軍」と総称された。

その内訳は、旧幕府歩兵奉行大鳥圭介《おおとりけいすけ》の直率《じきそつ》軍六百、大手前大隊（伝習歩兵第一大隊）七百、第七連隊三百五十、土工兵二百、新選組百二十、桑名兵八十、会津兵若干と回天隊、純義隊などである（大山柏『戊辰役戦史』上巻の数字を補正）。

すでに三月六日には、「甲陽鎮撫隊」と称して甲府城乗っ取りを夢見た近藤勇《いさみ》を局長とする新選組が、甲州柏尾《かしお》で新政府東征軍のうちの東山道先鋒総督府軍と衝突。四斤《しきん》山砲や先込めライフル銃であるミニエー銃に装弾する方法もわからず敗走したものの、同月九日には下野国《しもつけのくに》（現、栃木県）へ走った第六連隊からの脱走兵八百五十が上野《こうずけ》の梁田《やなだ》で付近の勤王藩相手に開戦していた。

ほかに上総《かずさ》をめざした旧幕脱走遊撃隊、おなじく撒兵《さっぺい》隊などがあったため、これらの諸隊が上総《かずさ》・下総・上野・下野の四州で起こした戦いは「総野《そうや》の戦い」と総称される。

つづいて上記の旧幕江戸脱走軍が四月十九日に宇都宮城を襲撃して落とし、今市・日光を経て会津へ走ったころから、戊辰戦争の戦火は桜前線のように北関東から奥羽《おうう》地方へと北上してゆくのである。

並行して奥州仙台藩六十二万石の藩主伊達慶邦《だてよしくに》と出羽米沢十五万石の藩主上杉斉憲《なりのり》は、文久二年（一八六二）十二月以来、京都守護職として長年苦労した会津藩主松平容保《かたもり》に同情し、同藩の救解を願って和平工作をこころみた。

またこれとは別に越後長岡藩七万四千石の家老河井継之助《つぎのすけ》は、みずからは一種の武装中立を貫いて賊徒、朝敵と名指しされている会津藩と新政府軍との間に立ち、両軍に戈《ほこ》を納めさせようと考えていた。

しかし、これらの策はそろって功を奏することなくおわった。それはなぜかといえば、新政府軍を代表してこれらの藩と交渉した者たちが、あまりに尊大で挑発的な態度だったためである。

その典型は世良修蔵《せらしゅうぞう》という人物なので、とりあえず来歴から見てゆこう。

天保六年（一八三五）七月、周防大島の庄屋の三男として生まれたこの男は、初め長州藩家老浦靫負《うらゆきえ》の家臣木谷良蔵に養子入り。ついで世良氏と継ぎ、元治元年（一八六四）から慶応二年（一八六六）に及んだ第一次・第二次長州追討の間に第二奇兵隊の軍監となった。

慶応四年三月二日、朝廷が仙台藩領に向けて奥羽鎮撫総督軍を派遣することになると、その幹部たるべき者たちの顔ぶれは左のように決定された。

鎮撫総督は堂上《とうしょう》公卿の九条道孝、副総督はおなじく沢為量《ためかず》、上《かみ》参謀はおなじく十九歳の醍醐忠敬《だいごただゆき》。これはいくさを知らない飾り物の幹部であり、実権はふたりの下《しも》参謀——薩摩藩士大山格之助（のち綱良）と長州藩士世良修蔵が握っていた。

雑兵《ぞうひょう》をふくめても兵力六百に満たないかれらがなぜ江戸無血開城以前に仙台藩領の松島をめざしたかというと、在京の仙台藩士三好監物《けんもつ》らは尊王攘夷派であり、鳥羽伏見の戦いに敗れた会津藩の追討を願い出たことにそもそものきっかけがあった。これによって九条総督らは仙台藩伊達家を勤王藩と思いこみ、その藩論をろくに確かめもせず戦旅に上ってしまったのだ。

しかも世良修蔵は、かれが下参謀と決まった時に藩士仲間の品川弥二郎《やじろう》が、

「世良とはひどいのが行くな」

と嘆いた、という話もあるほど粗野で有名な男であった。

成り上がり者特有の傲慢さをあわせ持つ世良は、仙台への出発前、大坂で米沢藩士と応対した時には芸者に膝枕をさせたまま面会し、公用書を足で蹴りやって相手を激昂させている。

三月十九日、松島湾の東名浜《とうなはま》に上陸。観月崎《つきみざき》にある伊達家別邸観瀾亭《かんらんてい》に入った世良たちは、藩主伊達慶邦が挨拶にやってきても、上段の間にどかりと座って礼も返さない。

「仙台中将」

と慶邦を呼び捨てにして、

「右匆々《そうそう》人数差出《さしだし》会津へ可討入事《うちいるべきこと》」（藤原相之助『仙台戊辰史』）

と一方的に命じる傲慢さであった。

一方の大山格之助も、東名浜到着直後に碇泊中の商船から砂糖、陶器を奪って売却し、私腹を肥やして仙台藩士たちを仰天させている。

しかも悪いことに、大山や世良の不遜きわまる言動は兵たちにも伝染。二十三日に仙台入りして制札場のある芭蕉辻《ばしょうのつじ》にほど近い藩校養賢堂を本陣としたかれらは、夜な夜な徒党を組んで城下に出没しては馬鹿な歌を高らかに歌った。


竹に雀を袋に入れて後においらのものとする

「竹に雀」は伊達家の家紋だから、これは出兵をためらう仙台藩を嘲弄する歌にほかならない。かと思えばかれらは、良家の子女を手ごめにして得意気にこれを吹聴するといった悪行をも働きはじめた。

「あやつらの命令通りに会津討伐に出かけたりしていると、その間にお城を乗っ取られるのではないか」

「鎮撫三卿も実は真っ赤な偽者で、ただの薩長のまわし者かも知れぬ」

と疑心暗鬼を生じた仙台藩士が多かったのは、実は家中の尊王攘夷派は少数に過ぎず、多くの藩士たちはおなじ奥州人同士の誼《よし》みもあって、朝敵と名指された会津藩に同情的だったからである。しかも藩士たちの間では、奥羽鎮撫総督というからにはその目的は奥羽全域の鎮撫であり、しゃにむに会津一藩を追討することではないはずだ、という考え方が一般的であった。

家老但木土佐《ただきとさ》からも見識ある人物と目されていた養賢堂の指南統取玉虫左太夫《とうどりたまむしさだゆう》と近習《きんじゅ》の若生文十郎《わこう》は、このような空気によって正使、副使に指名され、会津藩の鶴ヶ城を訪問。鳥羽伏見の戦いは薩長側から一方的に発砲してきたことによって始まったものだと告げられ、会津藩追討の不可を悟った。

しかし、ふたりがそれを大山、世良に伝えても出兵催促は止まない。世良に至っては、開戦を急ぐ気持を和歌に詠んだりもした。

陸奥《みちのく》に桜がりして思ふかな花ちらぬ間に軍《いくさ》せばやと

そのため伊達慶邦は、四月十一日、しぶしぶとながら六千の兵を率い、青葉城を出発。奥州街道をのろのろと南下して十三日に自領最南端の白石城に入った。一日遅れて出発した鎮撫三卿と世良、大山以下は、その手前八里十三町の岩沼（現、宮城県岩沼市）に本陣を置いて討会《とうかい》軍を指揮することになる。

しかし、沢副総督と大山下参謀とは、その十一日に江戸無血開城を果たしたばかりの東征大総督有栖川宮熾仁《たるひと》親王の指名により十四日のうちに庄内《しょうない》に向かった。昨慶応三年十二月二十五日、江戸の市中見廻りを担当していた庄内藩は芝新馬場の薩摩藩江戸上屋敷を焼き打ちしたので、庄内藩をも討伐しようというのだ。

会津討伐には仙台藩を先鋒とし、米沢、二本松、福島とその他の近隣諸藩から援軍を出させる。庄内討伐には秋田藩を先鋒とし、南部、弘前その他の藩に手伝わせる。熾仁親王以下は勝手にそう計算し、奥州人のことをあまりに見くびり過ぎていた。

岩沼に残った世良が、手もとの一小隊を率いて福島へ向かったのは十五日のこと。この福島三万石の城下町には仙台藩の軍事局もひらかれていたので、世良が視察しに行ったのである。遅れて醍醐上参謀もやってきたため、以後ふたりは行動をともにすることになった。

まずふたりは会津藩の東隣に封土を持つ二本松藩に加勢を求めるため福島を発ち、二本松城下から南へ三里たらずの本宮《もとみや》（現、福島県本宮市）の大内屋に入った。

ところが、醍醐・世良コンビはここでぴたりと動きを止めてしまう。伊達慶邦も岩沼の九条総督もこれを奇怪に思い、仙台藩家老のひとり坂英力《さかえいりき》を本宮に派遣すると、とんでもない理由が判明した。

大内屋は旅籠《はたご》と妓楼とを兼ねた店で遊女を約二十人抱えており、好色漢でもある世良の遊び心を大いに刺激。世良が朝から酒を飲んではお駒《こま》という十九歳の遊女に惑溺し、荒淫の日々を送りはじめると、若い醍醐もこれにつられて流連《いつづけ》していたのである。

醍醐は開戦予定の閏四月二日も過ぎた六日になってから福島へもどってきたが、世良の方は、

「軍務である」

と称して大内屋を動かない。啞然とした仙台藩士のうちには、

「あやつの軍務とは、女を抱くことか」

と吐き捨てるように言った者もいたという(「上役は世良修蔵」、小著『禁じられた敵討』〈文春文庫〉所収)。

寝込みを襲われた世良修蔵

山川健次郎監修『会津戊辰戦史』によれば、同月、但木土佐と米沢藩士木滑要人《きなめりようにん》が会津藩の謝罪嘆願を周旋した時も、世良は二月頃ならまだしも今となっては遅過ぎる、真に降伏

するなら白河口まで来い、という横柄な態度に終始。伊達慶邦には、九日に勢至堂峠《せいしどう》(白河街道上の宿駅)から会津へ攻め入れ、と命じた。

しかし、かくも強硬策一点張りでは唯々諾々とばかりはしていられない。慶邦は世良の命令に背き、藩兵たちの進撃を停止させた。

このころ、勢至堂峠の茶店では、仙台藩大隊長としてやってきた佐藤宮内《くない》と会津藩士木村熊之進がばったり顔を合わせていた。

「朝命に依り兵端を開かざるを得ざるは実に痛心に堪へず」(『会津戊辰戦史』)

佐藤がいうと、木村は答えた。

「停戦の策は世良修蔵を切るを得ば乃《すなわ》ち可なり」(同)

すでに仙台藩内部には、

「所詮《しょせん》奥羽ニハ目鼻ノ明《あい》タモノハ見当ラズ」(『仙台戊辰史』)

と平然とうそぶく世良を刀の錆《さび》にしてくれようと、ひそかに脱藩した者が十七、八人以上に上っていた。木村の返答から奥羽の平和を守るには世良を屠《ほふ》るにしかずと考えた佐藤は、伝手《つて》をたどってこの意見を但木土佐に開陳。すると、

「卿等《けいら》之ヲ計レ」(同)

世良を憎み切っていた但木が即座に了承したので、ここに世良の命は風前の灯と化した。

しかもこのころ、仙台藩領ではこんな狂歌が歌われていた。

九丈《（条）》梯子《はしご》に半鐘《はんじょう》かけて火《（非）》のない相図《（会津）》を撞《（討）》たれうか

これも、会津同情論のたかまりである。さすがにそれに気づいた世良は、同月十九日、福島の遊女屋金沢屋で大山格之助宛の手紙を書き、福島藩軍事係鈴木六太郎に飛脚にわたすよう命じた。

世良はまだ知らなかったのだ。鈴木六太郎が刺客に選ばれて福島入りしていた仙台藩士瀬《せの》上《うえ》主膳、姉歯《あねは》武之進、岩崎秀三郎らとすでに気脈を通じていたことを。鈴木の持ってきた手紙を開封してみると、世良の書いた文章には注目すべき表現がいくつかあった。

……奥羽皆敵ト見テ逆襲之大策ニ致シタク……奥羽ハ一、二年ノ内ハ朝廷ノタメニナラヌ様相成ルベク、何トモ米仙《べいせん》（米沢・仙台両藩）ノ俗、朝廷ヲ軽ンズルノ心底、片時モ図リ難キ奴《やつ》ニ御座候、……（同、読み下しと読点筆者）

これによって世良が会津藩ばかりか、その救解を嘆願した仙台、米沢藩をも仇敵視していることが判明したわけである。そこへ金沢屋から使いが来て、世良が明朝明け六つ（午前六時）に福島を発つので早駕籠《はやかご》を頼むといっている、と伝えた。そこで一同は、

「やるなら今夜しかない」

と意見一致。福島藩にも話を通して人を出させる一方、金沢屋の隣りで表向き口入れ業を営みながら目明しも兼ねている博徒の親分浅草屋宇一郎とその子分たち二十人を動員し、金沢屋を取り囲ませた。時に四月二十日の丑《うし》の刻(午前二時)。

やがて、世良が敵娼《あいかた》の遊女とともにいぎたなく眠っているであろう奥十二畳の前まで忍び寄ったのは、姉歯武之進、赤坂幸太夫、田辺賢吉、福島藩士の遠藤条之助。

赤坂は襖をからりと引くや、身を屈めて突入。裸体の世良は上掛けをはねとばして拳銃を構えたが、なぜか不発。撃鉄を起こして引金をまた絞っても不発であわてるうちに、赤坂は手刀でその手首を打ち据え拳銃を奪い取る。世良は逃げようとして闇の中で方向を誤り、押し入れの襖にぶつかって下帯ひとつの姿でひっくり返った。

赤坂がそれに組みついて殴りつけると、つづいて突入した遠藤も存分に拳を見舞った。怒りの鉄拳というやつである。かくして世良の抵抗が弱まると、姉歯が持参の太縄でからだを縛り上げた。

この時あらわれた仙台藩の重臣瀬上主膳が姉歯や浅草屋宇一郎らに申し聞かせたことばを、私は小説「上役は世良修蔵」においては諸史料をもとにこう書いた。

「これなる世良修蔵は、奸悪狂暴にして礼儀をわきまえず、色欲をほしいままにして酒に耽り、みだりに諸士を罵《ののし》って恥辱を与えしのみならず、わが公をも罵言《ばげん》いたして奥羽列藩の社稷《しゃしょく》を危うくせんとした者なれば倶《とも》に天を戴くべからず。ことにその認《したた》めたる密書は奥羽列藩を蔑《なみ》して挟撃の陰謀を企てたるものにて、奸悪比すべきものがない。誅戮《ちゅうりく》いたすはもとよりのことなれど、一応は罪科を糺《ただ》さねばなるまい」

糺《きゅう》問《もん》役は、姉歯ほか一名。場所は手近な割烹旅館客自軒《かくじけん》と決まり、その中庭へ引き入れられた世良修蔵は北棟の廊下の柱に縛りつけられて訊問を受けた。

そのころ東の空には、すでに朝焼が始まっている。その明るさの下で改めて眺めると、世良のいつもの驕慢さはどこへやら、その顔色はすっかり土気色を呈し、からだは恐怖のあまり小刻みに震えつづけていた。

そこへもってきて殺気立った侍たちが次々と面罵を加えたから、世良は噛ませ犬さながらに怯えきった。それでもかれは、必死の面持ちで助命を乞うた。

「密書露見の上は是非に及ばず、不心得の段は深くお詫びいたす。ただし願わくば広大の慈悲をもって、一命だけはお助け下され」

（略）むろんその願いは、

「会津救済を一顧だにしなかったくせに、おのれの命だけは救済してほしいのか」

という一言によって退けられた。

そのあとは、何を訊ねても答えが返ってこない。糺問を打ち切った姉歯は、かれの身柄を金沢屋の裏手を経てその南側の長楽寺へ引っ立てることにした。

（略）

その中庭と阿武隈《あぶくま》川の土手との境に繁る竹藪へ連行された世良は、姉歯によって斬に処すと宣言されたあと、その家来菊田松治によって首を打たれた。菊田がその左側に位置を取った時、すでに世良は喪神状態に陥っていた。

（略）

その後、世良の首はただちに白石城へ送られた。白石城にあって世良の首と対面した玉虫左太夫は、外国事情にも通じた仙台藩屈指の学者だったにもかかわらず、その瞬間、

「この首を拙者に貸してくれ」

と叫んだ。そして、どうするのかと問われると、無茶苦茶なことを口走った。

「厠《かわや》へ持っていって、溺れさせてやるのだ」

こうして仙台藩は、新政府軍と絶縁。五月三日、奥羽二十五藩、越後六藩とともに奥羽越列藩同盟を結び、戊辰戦争の東軍に属することを決意する。

私はこの稿の「はじめに」で、映画の鞍馬天狗シリーズの中に、

「見ろ、杉作。日本の夜明けは近い」

という台詞《せりふ》が出てくることに触れた。

しかし、奥羽の人々が初めて接した新政府軍の中心人物は残念ながら鞍馬天狗のような正義漢ではなく、世良修蔵という死神に似た人物だったのだ。

なお、戊辰戦争における東軍戦死者は、①会津藩三千十四名、②旧幕臣千五百五名、③仙台藩千余名、④二本松藩三百三十六名、⑤庄内藩三百二十二名、⑥長岡藩三百十名など計七千六百六十四名とされる（会津弔霊義会『戊辰殉難追悼録』）。

「歴史のもしも《ヒストリカル・イフ》」はいってても虚しいこととされているが、もしも世良修蔵ではなくもう少し外交を知っている下参謀がやってきたならば、仙台藩の戊辰戦争は藩士千余名を死なしめるほど大規模な悲劇を招かなくて済んだかも知れない。

その意味で世良は、仙台藩にとっては疫病神《やくびょうがみ》のような存在であった。

岩村精一郎の「小千谷談判」

北陸道鎮撫使高倉永祜《ながさち》をトップとして北越を制し、そのあと最終目標である会津攻めにとりかかろうとしていた新政府軍にあって、世良修蔵と似たトリックスターの役割を担ったのは、土佐藩出身の東山道総督府軍監岩村精一郎（のち高俊）であった。

トリックスターという英語には詐欺師、ペテン師という意味もあるが、ここでは、「秩序の破壊者でありながら創造者としての役割をになう」（『日本国語大辞典』第二版）という意味合いで用いていることをお断りしておく。

この岩村と激論し、結果として自藩を奥羽越列藩同盟に加盟させるに至った人物は越後長岡藩七万四千石の家老上席河井継之助《つぎのすけ》である。そこでここでは、河井の個性を頭に入れることからはじめよう。

文政十年（一八二七）元旦、長岡藩勘定奉行、禄高百二十石の河井代右衛門《だいえもん》のせがれとして生まれたかれは、少年時代から強情者として知られた。

たとえば馬術を学ぶ時、継之助は稽古の手順をいっさい無視し、馬にまたがるやたちまち鞭をふるって馬を疾駆させてしまう。

「降りさっしゃい、降りさっしゃい」

と師が叱責しても、

「乗馬の術は、駆くることと止《とど》むることをさえわきまえればそれで充分」

とうそぶいて平然としていた（今泉鐸次郎『河井継之助伝』）。

しかし河井が家中の注目を浴びたのは、慶応二年（一八六六）から三年にかけて藩政改革を断行したことによる。千三百石取りから千百石取りまでの者は四百石取りに落とす一方、百石取り以下の者は禄高を引き上げるという大改革を実行したかれは、藩主牧野家所有の不用な什器《じゅうき》類などは売却してしまったので、長岡藩は九万九千両もの剰余金を持つ富裕藩へと大変身を遂げた。

その念願にあったのは「富国強兵」であり、こうして「富国」に成功した以上、次の目的は「強兵」である。

河井は、富裕な財力によって兵学所を拡張。横浜におもむいてプロシア人武器商人エドワルド・スネルから、当時まだ日本に一門しかなかったガットリング機関砲（六連装、毎分百五十連発速射可能な機関銃の原型）を二門購入。藩士たちの家には先込めライフル式のミニエー銃を一挺ずつ配布するなどして、念願の軍制の洋式化にも成功した。

戊辰戦争の暴風は、まさしくこの時長岡藩を襲ったのである。

北陸道鎮撫使高倉永祜一行は、五月までに小千谷《おぢや》に進出しようとしていた。対して河井は大政奉還の報を受けた際にも、公武いずれの立場に片寄ることなく長岡藩の無事を計ろうという考え方から、朝廷と旧幕府の間に立ってその仲介役たらんとしていた。

ただし一般の長岡藩士たちは、譜代大名家の家中であるだけに鳥羽伏見の戦いの結果を知るや悲憤慷慨。

薩摩長州を俎《まないた》にのせて大根切るやうにチヨキ〳〵と歌って闘戦気分を強めていたが、河井は胸に一秘計を抱いて高倉一行の接近を待ち構えた。

ところが新政府から朝敵と名指されている会津藩は、小出島《こいでじま》陣屋（新潟県魚沼市）二万七千石、小千谷陣屋（同県小千谷市）十一万三千石など越後国内に飛地領を持っているし、新潟港に入った物資を阿賀野《あがの》川水運によってやはり越後の飛地領である津川（同県東蒲原郡阿賀町）へ運び、そこから陸送で若松城下へ運ぶことによって生活が成り立っている。新政府軍に新潟を占領されては死活にかかわるので、屈指の猛将佐川官兵衛を中隊頭とする朱雀《すざく》四番士中隊とその付属の砲兵隊ほかを越後平野へ発向させた。

この動きは新政府軍から見ると、会津藩と長岡藩が手を組もうとしているように感じられる。そこで北陸道鎮撫使付属の薩長勢ほかは、長岡藩の出方を見極めるべく、三月十六日には鎮撫使に従って越後高田（同県上越市）に藩兵を集合させよと通告。追って金三万両を献納せよと通達してきた。

これらの命令を無視することにした河井の狙いは、次のようなものであった。

「我が強盛の威力を挟むで官会《かんかい》（官軍と会津藩）の間に立ち、会人《かいじん》（会津人）を諭して先づ兵を我境内に入れしめず、然《しか》る後、徐《おもむろ》に官将に告げて其《その》進軍を止《や》めしめ、会津を討つの不可なるを説き、会津の事を以《もっ》て我藩の手に委《まか》せしめ、余《ゆき》行て会津を説き、其恭順を勧め、以て無事両者の間を全《まっと》うせん」

（『河井継之助伝』）

ここまでは、洋式化に成功した武力を背景として新政府軍と会津藩の間に割って入り、日本国の一体化を推進しようという武装中立策。現代でいえば国際紛争の調停をおこなう国連軍のような役割を果たそうという考え方で、戊辰戦争に際してこのようにユニークな発想をしたのはひとり河井継之助のみである。

しかし、「官会」のいずれか、あるいは双方が河井の言に従わない場合はどうするのか。

「斯《か》くの如くにして而《しこう》して尚《な》ほ我が言ふ所に従はざる者あらば、官会の別なく、我は先づ其《その》我が言に聴《き》かざる所の者を討つとせん、是《こ》れ名正《ただし》うして事順に、以て天下に呼号するに足る」

（同）

長岡藩の調停を受け入れない者は討伐する。それが開戦の名分を立てる途《みち》であり、長岡藩が天下を動かすことにもつながる。

日本がふたつに割れて争おうとしている時に、河井は誰も考えなかった第三の立場を打ち立て、その立場から戊辰戦争に介入することにより、長岡藩を次の時代のリーダーたらしめようとしていたのである。いわゆる「独立特行論」。

五月二日早朝、河井はこの秘計を実現すべく、早駕籠に乗って小千谷をめざした。小千谷を志したのは、新政府軍の応接所が昨日から同地の慈眼寺に置かれていたからであった。

このおよそ一ヵ月前、高倉永祜は北陸道鎮撫総督兼会津征討総督と肩書が変わり、堂上公卿の仲間の四条隆平《たかとし》が新潟裁判所総督兼北陸道鎮撫副総督に就任。参謀として熊本藩士津田信弘と広島藩士小林柔吉《じゅうきち》がついていた。

さらに戦地参謀として合流した薩摩藩士黒田了介（のち清隆）と長州藩士山県狂介は薩長ほかの諸藩の兵力を率いており、信州を経てやってきた東山道総督府軍監岩村精一郎も尾張、松代《まつしろ》、上田、松本の諸藩の兵力を従えていた。

一方の会津藩の兵力は旧幕府兵とともに堀内、浦佐、六日町など会津藩領寄りの高地上にあり、日本海側の柏崎には桑名藩の六万石格の陣屋があって桑名兵の本営となっていた。これらを仮想敵とし、部隊を山道軍と海道軍に二分して越後高田から小千谷にやってきた新政府軍の岩村以下が会津藩の小千谷陣屋を本陣、慈眼寺を応接所としたわけである。

五月二日、この慈眼寺でおこなわれた河井継之助・岩村精一郎の「小千谷談判」については、岩村自身の回想がある。その回想によると麻裃《あさがみしも》を着用してあらわれた河井は、まず初対面の挨拶を交わしてから述べた。

「事変（鳥羽伏見の戦い）以来今日まで、長岡藩の挙動は不都合の廉《かど》はなはだ少なからず、出兵、献金、いずれもその命に従はず、誠に謝する所を知らず。しかしながら弊藩《へいはん》主人（長岡藩主牧野忠訓《ただくに》）においては、もとより恭順して決して異志ある者に非ず。ただ藩内議論おのずから相分かれて一定せず。かつ種々内情のやむを得ざるあり。しかるに会津、米沢、桑名の諸兵城下に入り来《きた》り、薩長は私心を挟める者、真の官軍に非ず、ゆえにこれに抵抗すべしと迫り、もしこれを峻拒すればたちまち開戦となるべき恐れあるを以て、やむを得ず直《ただ》ちに朝命にも応ぜず、今日に至りしなり。願《ねがわ》くば仮すに時日を以てせられよ（何日か待ってほしい）。さればまづ藩論を一定し、又一方には会桑米《かいそうべい》等諸藩を説得して無事にその局を結ぶに至らしめん（新政府軍と和議を結ばせてみせる）。今ただちに軍兵を進めらるゝに至りては、たちまち大乱を惹起《じゃっき》し、人民塗炭の苦《くるしみ》を受くるに至るべく、これ主人がもっとも憂慮する所なり。なお主人委曲の心事は、別に書中に認《したた》めあり。願くばこれを総督府に取り次がれんことを」

（同、表記を改める）

河井継之助を「馬鹿家老」と思い込んで

河井から嘆願書を受け取った岩村精一郎は、土佐藩山内家の直臣ではなく、その家老宿毛《すくも》伊賀の家来である。慶応三年に上京して尊王討幕運動に打ち込んだのは、若さゆえか。同年十一月、坂本龍馬と中岡慎太郎が近江屋新助方の二階で京都見廻組の今井信郎《のぶお》らに斬られたことはよく知られているが、当初、下手人は紀州藩士三浦休太郎だとする説もあった。そう聞いた岩村は陸奥宗光《むつむねみつ》ら土佐勤王党の十六人で三浦を血祭に上げようと動いたこともあったから、かなり血の気の多い若者だったことは確かなようだ。

では、その岩村の反応を振り返ろう。

余この時わづかに二十三歳、血気まさに盛んに、かつ河井の人物経歴は今に至りてようやく知る所にして、当時もとよりこれを知らん由もなし。封建時代の常として、各藩の重役は皆藩の門閥家のみ、いわゆる馬鹿家老たる習ひなれば、現に余に随行せる信州各藩の重役等の如く、河井もまた尋常一様の門閥家老に過ぎざるべしと推察したり。（略）右の次第なりしかば、頭掛けに（頭ごなしに）これを斥《しりぞ》けて取り合はず、遂に（談判は）破裂に及びたり。（略）『すでにこれまで、ひとたびも朝命を奉ぜずして今更かかる言訳の相立つべきに非ず、願ひの趣聞き届け難し、命を奉ずる能《あた》はざれば、ただ兵馬の間に相見るの外なく、嘆願書の如きはもとより取り次ぐの必要なし』とて更にこれを開き見もせず、ただちにその請《こい》を斥けたり。（略）河井は猶も繰返し、しきりに嘆願に及びたれども、余はもはやこれを聴くの要なしとて座を起《た》ちたるに、彼は更に余が裾を捉へて訴ふる所ありしかど、余はただちに振り放ちて奥に入りたり。（同、同）

ついに談判決裂し、河井が殺気立って沿道に群れている薩長勢の前を通ると、
「河井早く帰つて戦備を為《な》せ、何《いず》れ陣頭にて相逢はむ」（同）
という罵声が浴びせられた。

長岡藩が翌三日に奥羽越列藩同盟に加入し、会桑米三藩その他と提携して越後口戊辰戦争の開戦に踏み切ったのは、岩村精一郎の世良修蔵に似た高慢な態度が原因だったのだ。

長岡藩の兵力は約二千であったが、このうち三百名はこの戦いに仆《たお》れる運命にあった。それを思うと今日の新潟県長岡市ないしその近くに生まれた皆さんも、明治維新イコール日本の夜明けとするあまりにも単純な発想にはついてゆけないのではあるまいか。

しかも、岩村は世良修蔵のように襲殺されることもなければ、長岡藩をふくむ越後六藩に開戦を強いた戦争責任を問われることもなかった。その反対に、戊辰戦争終了後に軍功として三百石を下賜されているのだから、いやはや、といいたい人もあるだろう。

戊辰後、高俊と名を改めた岩村の後半生は次のようなものとなった。

維新後宇都宮・神奈川県の権参事《ごんのさんじ》を経て七年一月佐賀県権令となり、江藤新平の乱（佐賀の乱）を鎮定した。ついで大久保利通と日清会談に参画し、同年十一月愛媛県権令となり、以降石川・愛知・福岡・広島の県令を歴任し、その間に宮中顧問官・貴族院議員となり、男爵を授けられた。年六二で没。（日本歴史学会編『明治維新人名辞典』）

なかなかのキャリアだから、今も高知県人には岩村高俊を維新史に名を遺した傑物のひとり、と信じている人が少なくない。

私がもう四十年も通っている四谷の土佐料理の店「S」の主人は宿毛の出身だけに岩村高俊ファンだったが、ある時ようやく東北地方、特に新潟県では不人気と知って、私にこう語りかけてきたことがある。

「いやあ、岩村高俊さんは男爵までになった郷土の英雄じゃと思うちょったら、東北ではえろう評判が悪いんですってのう」

そこで私が岩村の河井継之助に対してとった態度を説明すると、「S」の主人も納得したようであった。

ちなみに河井継之助は談判決裂から八日目の五月十日、奥羽越列藩同盟軍とともに信濃川右岸の要地榎峠《えのきとうげ》を攻略し、まず長岡城の南方を安泰ならしめた。連日の豪雨で信濃川は百年ぶりの大氾濫となり、左岸の小千谷にいた新政府軍は動くに動けなかったのだ。

戦地参謀山県狂介は長岡勢ほかに朝日山を中心とする右岸の高地上に展開することを許した岩村の無能を怒り、奇兵隊の同志で親友でもある仮参謀時山直八《ときやまなおはち》を小千谷へ送りこんだ。しかし、時山は十三日に信濃川を渡河し、朝日山に取りついたところで被弾死。その部隊も潰走し、戦線は膠着状態に陥った。

山県は、朝日山を中心とする連山の稜線上につらなる奥羽越列藩同盟軍のかがり火を仰いで詠嘆した。

あだ《（賊）》守る砦のかがり影ふけて夏も身にしむ越《こし》の山風

この一首を収めた山県の戊辰戦争回想録が『越の山風』と題された点からも、岩村の不遜な態度と河井の怒りが山県に困難な戦いを強いたことが知れよう。

山県とおなじ長州藩士品川弥二郎の、「小千谷談判」に対する評論も紹介しておきたい。

「一体越後口に向つた黒田や、山県が、河井に逢はないで、岩村のやうな小僧を出したのが誤りじや。黒田はあんな気風の（情に厚い）男だからなほ能《よ》かつたろうし、山県が逢つても、戦争せずに済むだかも知れぬ。己《お》れはいつも山県に言ふことだが、時山を殺したのはお前だ、河井に逢はなかつたのは間違つて居ると、かういふと、今でも山県が真赤になつてそうじやないとか何とかいつて怒るのじや。（略）」

（『河井継之助伝』）

品川弥二郎が「岩村のやうな小僧」に「小千谷談判」をさせたこと自体が誤りだった、といっているのはまことに興味深い。

ここに私事をさしはさむなら、私は戊辰戦史関係史料を読むうちに、新政府軍は仙台藩及び長岡藩との対決を急ぐためにこそ喧嘩っ早くて粗暴な世良修蔵と岩村精一郎をあえて談判役に指名したのではないか、と疑ったことが一再ではない。そう思いたくなるほど、世良・岩村の高圧的な態度には共通性が感じられるのだ。

そして、これらふたりの登場は仙台・長岡両藩に不幸な結果をもたらした。

長岡城は、五月十九日の長州兵、越後高田兵の渡河侵入によって落城。城下は火の海と化したものの、七月二十五日、河井は長岡兵六百十二名によって城を奪回してみせた。

だが、新政府軍二千余りを乗せた運輸船が松ヶ崎港に到着すると越後新發田《しばた》藩も新政府軍側に寝返り、長岡城は二十九日にふたたび落城してしまう。河井はガットリング砲をみずから撃ちまくったものの左膝に銃弾を受けて歩行困難となり、会津藩領との国境の難所八十里越《ごえ》にさしかかった時には自嘲の一句を詠んだ。

八十里こしぬけ武士の越す峠

八月十三日、会津藩領の塩沢村に到着した河井たちは、村医矢沢方へ投宿。膝の傷が悪化した河井は、十六日午後昼寝をするうちに昏睡状態に陥り、ふたたび起きなかった。享年四十二。

おなじく長岡藩家老で河井の下で大隊長をつとめていた山本帯刀《たてわき》は、会津藩の若松城下で新政府軍との戦いを続行。濃霧の中で友軍と錯覚して新政府軍の宇都宮兵に捕えられ、

「どうだ降参してわれらの軍に加わる気はないか」

と勧められた。だが、

「藩侯からは戦えといわれたが降参せよとはいわれなかった」

と答えて従容《しょうよう》として斬られた。享年二十二(小林友雄『宇都宮藩を中心とする戊辰戦史』)。

河井・山本両家は会津藩の萱野家とおなじく反逆首謀者として家名断絶となった。しかし山本家は、大正十四年(一九二五)、旧長岡藩士高野貞吉の明治十七年(一八八四)生まれの

六男が海軍大学を修了するに際し、この青年によって再興される運びとなった。

高野貞吉が五十六歳の時に生まれたこの青年が、のちに連合艦隊司令長官として真珠湾攻撃を指導する山本五十六《いそろく》である。

仙台藩の場合は、白河方面での戦況が一向に好転しなかった慶応四年（一八六八）九月四日から新政府軍への降伏を検討。明治改元から五日目の十二日に降伏と決定し、十七日に青葉城を明けわたした（『仙台戊辰史』）。

世良修蔵襲殺に加わった姉歯武之進は、白河口戊辰戦争に戦死。世良襲殺を命じた家老但木土佐五十三歳及び同職の坂英力三十七歳は、明治三年五月十九日、反逆首謀者として麻布《あざぶ》の仙台藩下屋敷でともに斬に処された。

死に臨んで訣別の酒を酌み交わしたふたりのうち、但木は淡々たる境地を示した辞世を残した（『仙台人名大辞書』）。

雲水の行《ゆく》へはいづこ武蔵野のただ吹く風にまかせたらなん

仙台藩では降伏の議論が起こると藩論が引っくり返って尊王攘夷派が主流になり、このふたりを捕えて東京へ送ったのである。同様にして奥羽列藩同盟の結成に努力した玉虫左太夫四十七歳と、若生文十郎二十八歳も仙台の獄舎に投じられ、明治二年四月十四日にそろって切腹を命じられておわった。

すでに見たように、戊辰戦争における東軍の死者は、仙台藩千余名、長岡藩は三百十名。これら多数の死者については、世良修蔵と岩村高俊の責任を問いたいところではある。

しかし、明治政府は抗戦者の処分だけを急ぎ、明治二年五月十四日には、河井継之助、山本帯刀、但木土佐、坂英力以外の次のような人々の処分も決定した。

斬に処し、絶家とされた家老たち

会津藩家老萱野権兵衛、盛岡家老楢山《ならやま》佐渡、山形藩家老水野三郎右衛門《さぶろうえもん》、村上藩家老鳥居三十郎、村松藩家老堀右衛門三郎《えもさぶろう》、おなじく斎藤久七、結城藩家老水野又兵衛、おなじく勝手掛《がかり》茂野喜内、関宿藩士小島弥兵衛。

会津藩家老萱野権兵衛は、第3章で紹介した豊津藩への留学生郡長正の父である。かれが会津藩の「戦犯」とされたのは明治元年十二月七日に出された詔書に基づいてのことなので、ここでその詔書を紹介しておこう。文中の「朕《ちん》」とは天皇が自分に対して用いる一人称である。

賞罰ハ天下之大典、朕一人之私《わたくし》スベキニ非ズ。宜《よろし》ク天下之衆議ヲ集メ至正公平毫釐《ごうりん》モ（少しでも）誤リ無キニ決スベシ。今、松平容保ヲ始メ伊達慶邦ノ如キ、百官将士ヲシテ議セシムニ各《おのおの》小異同アリト雖《いえど》其《その》罪均《ひと》シク逆科（反逆の罪）ニアリ、宜ク厳罰ニ処スベシ、就中《なかんずく》容保之罪天人共ニ怒ル所、死尚《なお》余罪アリ（死刑にしても償えない罪がある）ト奏ス。朕熟《つらつ》ラ之ヲ按ズルニ（略）、抑《そもそも》容保ノ如キハ門閥ニ長ジ人爵《じんじゃく》（官位や収入）ヲ仮有スル者、今日（の）逆謀彼一人ノ為《な》ス所ニ非ズ、必《かならず》首謀ノ臣アリ。朕因《よっ》テ断ジテ曰、其実《そのじつ》ヲ推《おし》テ其名ヲ恕《ゆる》シ（略）、容保ノ死一等ヲ宥《ゆる》メ、首謀ノ者ヲ誅シ、以《もっ》テ非常ノ寛典ニ処セン。

（『明治天皇紀』第一、注と句読点・濁点筆者）

明治天皇のこのような判断によって会津藩主松平容保は死罪を免れたが、その代わりに反逆「首謀ノ臣」を差し出さざるを得なくなった。そして、容保の身替わりとして首を打たれても止むを得ない家老職の者の、席次一番から四番までの者とその通称、実名、明治元年の時点での年齢を併記すると、次のようになる。

西郷頼母《たのも》近悳《ちかのり》、三十九歳

神保内蔵助《くらのすけ》利孝、五十三歳

田中土佐玄清《はるきよ》、四十九歳
萱野権兵衛長修《ながはる》、三十九歳

本来なら席次の上の者こそ責任が重くなるものだから、右の四人とも健在でなおかつ「会津降人《こうじん》」と称された降伏会津藩士の中にまじっていたならば、西郷、神保、田中の三人が命を差し出すべきところであった。今、三人と書いたのは、かつて長州藩が禁門の変を起こした首謀者として益田右衛門介、国司信濃、福原越後の首を差し出したのに従って、会津藩にも家老三人の首を届けるように水面下で注文があったのを踏まえてのこと。

しかし、会津藩としては、西郷頼母の首を差し出すことは物理的に不可能であった。西郷は頑固な男で主君松平容保に逆らうことがあるため、会津藩が鶴ヶ城への籠城戦を開始してから四日目の慶応四年八月二十六日、容保から軽い用向きを与えられて体よく城を追い出されていた。その西郷は箱館へわたり、明治二年五月の箱館戊辰戦争終結まで榎本武揚《たけあき》と行動をともにしていて、不在なのである。

そして同年五月十四日、新政府軍務官は会津藩の反逆首謀者の調査と刑の執行を命じられていた上総飯野藩二万石の当主保科正益《まさあり》に告げた。反逆首謀者は萱野権兵衛とし、刎首《ふんしゅ》（斬首）をその方に仰せつけるので処置すべきこと、田中土佐、神保内蔵助はすでに落命しているが、存命であれば刎首を仰せつけられるところであったこと（『会津戊辰戦史』）。

田中・神保の両家老は、新政府軍が会津盆地への突入を開始した慶応四年八月二十三日、城下町若松（現、会津若松市）の追手口にある最大の郭門甲賀町口《かくもんこうかまち》を死守しようとして失敗し、その責任を取ってそろって自刃していた。

西郷が会津に健在なのであれば斬に処されるべきなのであるが、箱館に走って不在なので萱野権兵衛にお鉢が回ってきたのである。明治二年五月十八日、かれは広尾の保科家別邸において従容《しょうよう》と刎首の座につき、保科家側は切腹の体裁を取らせることにより、萱野の武士としての対面を保たせてやった。

こういう事情があったため、会津松平家はその遺児で郡姓に替わった長正を豊津藩への留学生のひとりに指名したところ、長正も第3章で述べた事件から命を絶つに至った、という順序である。

それはそれとしても、奥羽越列藩同盟軍を結成して明治新政府に対抗した諸藩の藩主からひとりも死刑を宣告される者がいないまま戊辰戦争が終結した、というのは感慨深い事実である。その意味で、明治天皇が明治元年十二月七日に渙発した詔書は「和の国」日本の新元首の風格をそなえたものとして一定の評価を与えるべきものであろう。

ちなみにこの詔書は松平容保・喜徳《のぶのり》父子の死一等を減じるためだけに渙発されたのではなく、会津藩及び奥羽越列藩同盟参加諸藩の藩主の親族を呼び出して処分を通告するのとワンセットになっていた。

諸藩の当主らの処分は、次の通りである。

前会津藩主松平容保　その封土を没収し、死一等を減じて鳥取藩へ永預け。

その養子喜徳　おなじく死一等を減じ、久留米藩に永預け。

仙台藩主伊達慶邦　その封土を没収し、養子宗敦《むねあつ》とともに東京に謹慎を命ずる。

米沢藩主上杉斉憲《なりのり》　その封土十五万石より四万石を削り、隠居を命じ、その子茂徳《もちのり》をして家を継がしむ。

庄内藩主酒井忠篤《ただずみ》・盛岡藩主南部利剛《としひさ》・長岡藩主牧野忠訓・二本松藩主丹羽長国・棚倉《たなぐら》藩主阿部正静《まさきよ》らはその封土を没収し、謹慎を命じ、特別の思し召しによりそれぞれの家名を存続させしむ。

ほかにも福島藩、一ノ関藩、磐城平藩その他、減封や転封、あるいは当主が隠居謹慎を通達された藩は珍しくなかった。

だが封土を没収された諸藩に対しては、やはり特別の思し召しによって若干の封土が再交付された。

ちなみに、明治四十四年（一九一一）に文部省内に置かれた維新史料編纂会が昭和十四年（一九三九）から十六年までに刊行した『維新史』全六巻は、質量ともに幕末維新の青史といってよい通史である。同書第五巻に明記された封土没収の七藩に桑名藩、米沢藩を加え、これら九藩の大名がどの程度封土を削られたかを削減率の高い方から順に見てゆこう。

①会津藩二十八万石松平家　陸奥斗南《となみ》藩三万石へ（八九・三パーセント減）
②長岡藩七万四千石牧野家　旧領長岡にて二万四千石へ（六七・六パーセント減）
③仙台藩六十二万石伊達家　旧領仙台にて二十八万石へ（五四・八八パーセント減）
④二本松藩十万四百石丹羽家　旧領二本松にて五万石へ（五〇・三パーセント減）
⑤桑名藩十一万石松平家　旧領桑名にて六万石へ（四五・五パーセント減）
⑥棚倉藩十万石阿部家　旧領棚倉にて六万石へ（四〇パーセント減）
⑦盛岡藩二十万石南部家　白石にて十三万石へ（三五パーセント減）
⑧庄内藩十七万石酒井家　若松（会津若松市）にて十二万石へ（二九・四パーセント減）
⑨米沢藩十五万石上杉家　旧領米沢にて十一万石へ（二六・七パーセント減）

一見した限りでは、ずいぶん削減率にバラつきがある。とはいえ速断を控え、軽い処分で済んだ大名家から順に事情を見てゆくことにしよう。

⑨の米沢藩が奥羽越列藩同盟結成の主唱者のひとりであったにもかかわらず、わずか四万石の削減で済んだのは、明治改元から二日目の元年八月九日に早くも越後口総督に謝罪書を

提出、十三日に白河口総督に降伏するなど、兵を引くのが迅速だったからである。しかもその後の米沢藩は、なおも交戦中の庄内藩に対し、兵力千八百余を動員して遠征をこころみている。

このような変わり身の早さが明治新政府から見れば「返《かえ》り忠《ちゅう》」として評価され、領地の大規模な削減を免れたと見て大過あるまい。

⑧の庄内藩の場合は、慶応三年十二月二十五日に不逞浪士五百人を養って江戸に火付け強盗をおこなわせていた薩摩藩の江戸屋敷を焼討ちしたほか、奥羽越列藩同盟に加入して以降は秋田藩、新庄藩を攻略。新政府軍を最後まで一歩たりとも領内に入れなかった、という点では東軍最強の藩であった。

しかも、明治元年九月二十五日に謝罪降伏し、二十七日に鶴岡城を開城した時にはすでに仙台藩も会津藩も降伏しており、奥羽戊辰戦争の勝敗の帰趨《きすう》はほぼ決していた。また戦いがどう転ぶかわからない時点では裁きも厳しいものになるが、勝ちが見えれば心に余裕が生まれる。こんなことから庄内藩は、果敢に戦ったにもかかわらず五万石の削減と転封で済み、翌年には会津から庄内への復帰を認められた、とするのが定説である。

庄内藩ではこのような寛典に処されたのは大総督府参謀西郷隆盛のおかげとみなし、藩主の座を弟の酒井忠宝《ただみち》にゆずった忠篤みずからが明治三年五十人以上の家臣とともに鹿児島へ留学するなどして、薩摩藩の教育方法を学ぶに至った。同二十二年、『南洲翁遺訓』が出版されたのが旧庄内藩をふくむ山形県でのことであったのは、よく知られた事実である。

⑤の桑名藩の藩主松平定敬《さだあき》は会津藩主松平容保の実の弟であり、元治元年（一八六四）以降は京都所司代として活躍した。鳥羽伏見の敗戦後は最後の将軍慶喜とともに「開陽丸」で江戸に東帰。しかし、その間の慶応四年一月二十三日、桑名藩は先々代藩主松平猷《みち》のせがれでまだ十二歳の万之助を四日市まで進んできた新政府軍の陣営に出頭させ、降伏の意思を示した。

この瞬間、万之助がまだ三歳だった安政六年（一八五九）松平猷に養子入りして家督を継いでいた定敬は、微妙な立場に置かれた。桑名藩の国許が新政府軍についた尾張藩徳川家の管理下に置かれたのに対し、定敬は越後柏崎の同藩飛地領に移って新政府軍に対抗したからである。

ところで桑名藩の十一万石という石高は、国許桑名の五万石と越後の柏崎陣屋の支配地の六万石とを足したものであった。松平定敬に供奉して柏崎に移ってから奥羽各地を転戦した桑名兵はきわめて強く、このころ作られた「佐幕派強い者番付」の筆頭に謳われたことすらある。松平定敬自身も共闘した庄内藩の降伏後は箱館五稜郭《ごりょうかく》へわたって抵抗をつづけ、ようやく東京の尾張藩邸に出頭したのは二年五月二十日のこと。すなわち、国許の五万石だけの身代《しんだい》とされても厭とはいえないところだった。

それが五万石の削減で済んだのは、二年八月に桑名藩知事に任命される万之助改め定教《さだのり》と国許の家臣団が終始一貫して殊勝に行動したためであろう。

④の二本松藩が桑名藩ときわめて近い石高であるにもかかわらず、五万四百石、五〇・三パーセントと桑名藩より約五パーセント多く削減されたのは、二本松戊辰戦争が凄まじい展開となったためか。十二歳から十七歳までの少年二十五名から成る二本松少年隊を最前線に投入した二本松丹羽家は、城が落ちることも覚悟の上であった。

丹羽家の家紋は「違い十字」といい、×印に似ている。これは藩祖で織田信長に仕えた名将丹羽長重が、鎧《よろい》の背の合当離《がったり》（環）に差しこんだ二本撓《じなえ》の旗指物《はたさしもの》の布地部分がすべて引き千切れるほど激しく戦ったことから、残された二本の撓を家紋に描いたもの。すなわち不惜身命の勢いで敵に立ち向かうのが丹羽家の士風であり、二本松藩はその気迫あふれる士風を嫌われて桑名藩より多く減封されてしまったのであろう。

③の仙台藩は世良修蔵を斬ったばかりか白河口、平潟口《ひらかた》その他で戦い、榎本武揚率いる旧幕府海軍の松島長期停泊をも許したのだから、大幅減封は止むを得ないところか。

②の長岡藩の藩士たちは城が二回落ちたあとも会津へ走り、亡命兵となって戦いつづけたのだから、山県狂介（有朋）らの憎しみを買って厳しく減封されたものと考えられる。

もっとも酷薄に扱われた会津藩

①の会津藩は、八・一八政変、池田屋事件、禁門の変と三度まで長州藩に煮え湯を飲ませる役回りになったことがこの過酷な措置を招いたのである。長州藩士桂小五郎改め木戸孝《たか》允《よし》などは、明治天皇が寛典と定める寸前まで松平容保を死罪とするよう主張していたほどであった。

しかも旧会津藩は、②から⑨とした諸藩の処分決定と同時に家名再興を許されたのではない。明治二年（一八六九）九月二十八日に徳川慶喜以下が謹慎を免じられた時になっても、容保はまだ永預けのまま「血脈の者」を選んで家名再興を願い出るように、と飯野藩知事保科正益が申しわたされたのだ（「太政官日誌」第百三号）。

なお、二年五月の萱野権兵衛刎首の際といいこの時といい、つねに政府が会津松平家へ何かを伝達する際に保科正益を経由するのは、飯野藩保科家が会津藩祖保科正之《まさゆき》にとっては義理の兄正貞《まささだ》に発する家系だからだ。

翌二十九年に保科正益からこのことを告げられて、旧会津藩のふたりの家老梶原平馬と山川大蔵（のち浩）は、「血脈の者」をこの六月に生まれた容保の実子松平慶三郎と答申。慶三郎は十月八日に実名（諱《いみな》）を容大《かたはる》と定められ、十一月四日には太政官からの沙汰書によって華族に挙げられた。そしてこの時ようやく、旧会津藩はこれまで石高ゼロであったものが三万石と定められたのである。

その沙汰書は、読み下せば次の如し。

松平慶三郎

今般家名立テ下サレ、華族ノ列ニ置カレ、陸奥国《むつのくに》ニ於テ高三万石支配仰セ付ケラレ候事。但《タダ》シ、郷村高帳ノ儀ハ、追ツテ御沙汰コレアルベク候間、受ケ取リ候上、藩名申シ出ズベキ候事。

会津藩が慶応四年八月二十三日から九月八日の明治改元をはさみ、九月二十二日まで籠城戦を敢行したことはよく知られている。九月二十二日は降伏開城式をおこなった日であり、実質上の滅藩処分とされた日でもある。

旧会津藩はわずか三万石の小藩として再出発するために、それから一年二ヵ月も待たされたのである。しかもあらたな封土は「陸奥国ニ於テ」というだけでどこの地になるかはまだ決まっていなかったのだから、新政府の旧会津藩の扱いは酷薄そのものであった。

要するに明治新政府の①から⑨とした諸藩への問責は、自分たちの抱いた憎悪感の強弱を元にして決定されたもので、決して一定の法体系から導き出された判定ではなかった。

ここにも勝者の驕りが感じられるが、勝者への道を驀進《ばくしん》した者が相つぐ勝利に酔って身を滅ぼすことは、

「高転びに転ぶ」

と表現される。

旧会津藩のその後については第6章で述べることにして、次には戊辰戦争の勝者たちの間に発生した身内の争いを見てみよう。

第5章 勝者たちの内紛劇

人見勝太郎（寧《やすし》）

戊辰戦争を
箱館五稜郭まで戦い抜いた
遊撃隊の大将のひとり。
戊辰後、茨城県令となる。

長州諸隊の「差別の論理」

第1章、第2章の冒頭でやや詳しく眺めたように、江戸幕府軍を史上初めて撃破し、戊辰戦争を新政府軍の勝利へと導いた中心勢力は、長州兵であった。

その長州兵は、奇兵隊、力士隊、山伏隊など百六十一隊に別れ「長州諸隊」と総称されていたが、これらの隊には離合集散があった。

諸隊の代表的存在である奇兵隊について、高校日本史の教科書は次のように解説する。

高杉晋作が藩庁に建議し、1863（文久3）年みずから中心となって、正規の藩兵（正兵）とは異なり、門閥・身分にかかわらない志願による奇兵隊を組織した。長州藩では、その後も農商民を加えた諸隊があいついで組織され、これが討幕運動の軍事力となった。

（山川出版社『新詳説　日本史』、傍点筆者）

こう書かれると「諸隊」もすべて「門閥・身分にかかわらない」組織だったように読めて

しまうが、そんなことはあり得ない。

奇兵隊では幹部たちによる隊士たちの月俸のピンハネが当然のこととされていた、と元奇兵隊士三浦梧楼《ごろう》（のち陸軍中将）は『観樹《かんじゅ》将軍回顧録』に書いているし、のちに諸隊が「脱隊暴動一件」といわれる大騒動を起こしたのも、幹部たちの不正腐敗に端を発していた（後述）。

長州諸隊の中で「門閥、身分」による差別が歴然としていたことを示すには、これらの諸隊のうちには被差別部落民によって組織された部隊もふくまれること、それは隊名からすぐ知れたことを指摘すれば充分であろう。

では、その部隊名と時山彌八の『もりのしげり』の解説文を抜き書きすることによってそれを示そう。ちなみに同書は大正五年（一九一六）に刊行された長州藩についての百科辞典である。

〈維新団〉熊毛《くまげ》郡屠勇ノ団結ニシテ遊撃軍ニ属ス

〈山城茶洗《ちゃせん》組〉編成年月慶応二年春頃　茶洗ハ非人穢多ノ種類ナリ人員四十四人ヲ以テ組織セリ、四境戦争ノ際芸州口ニ戦フ

〈一新組〉編成年月慶応二年五月頃　三田尻屠勇ノ二隊ニシテ御楯《みたて》隊ニ属ス

長州諸隊は総じて「〇〇隊」「××軍」という部隊名なのに、右の部隊は「――団」「――組」という語構成になっている。これが差別意識でなかったら何だというのか。

これら三隊のうち維新団について田中彰『高杉晋作と奇兵隊』（岩波新書）に記述があるので、次にこれを掲げる。

隊員数は一五〇～一七〇名程度で、この隊は黄色地に『游維新団』と書かれた楯をもっていた。遊撃隊（軍）付属の隊の意である。維新団の隊員は、頭にかぶる笠から衣服まですべて黒一色で、絹や舶来の毛織物でつくったゴロ服を着たり、笠その他に飾りをつけることなどはいっさい禁じられていた。

それにしてもなぜこの時期に長州藩がこれら三隊を成立させたのかといえば、同藩の攘夷体質にその根っこがある。

第1章ですでに述べたように、文久三年（一八六三）五月から下関で異国船の無差別砲撃をおこなった長州藩は、「馬関攘夷戦」と見得を切ったまではよかったが、六月一日から五日にかけて米仏海軍の報復攻撃に大惨敗。緊急に銃隊を組織する必要に迫られ同年七月、左のような「部落民登用令」を出したのだ。

山口近郷の穢多中、品行方正強壮勇敢建歩才気の科目に応ずべき者を採用して攘夷の事に従はしめ、居常一刀を帯し胴着を被ることを許す。

（末松謙澄『修訂　防長回天史』第四巻、句読点筆者）

ではその戦いようはどのようであったか。

維新団や一新組などは、四境戦争の芸州口で果敢に戦い、維新団は戦死二・負傷一二、一新組は戦死・負傷それぞれ二、山城茶洗組は慶応二年八月九日の解隊までに四四名が従軍し、二名が戦死、一二名が負傷した、といわれている。

（『高杉晋作と奇兵隊』）

第二次長州征討戦における芸州口の戦いは、関ヶ原の合戦とおなじ装備と陣形で出動した彦根藩井伊家の軍勢が、洋式軍服姿の長州兵のゲベール銃で次々と撃ち倒され、「戦争といわんよりほとんど遊猟の感なきにあらず」（戸川残花『幕末小史』）といわれる一方的な戦いとなったと前述した。上記の三隊はこの戦いに奮闘し、「防長市民一同」と称された諸隊の勝利に貢献したのである。あたかも第二次大戦の欧州戦線における日系人部隊のように。

ただし、長州藩はそのあと方向を誤った。慶応元年（一八六五）八月以降、諸隊の戦死者は下関の桜山招魂場（今日の桜山神社）その他の招魂場に祀《まつ》られた。この招魂場こそは、後の東京招魂社すなわち靖国神社のルーツである。

「しかし、この招魂場にはさきの被差別部落の戦死者は祀られることはなかった。それは戊辰戦争の旧幕府軍戦死者が、のちに靖国神社の祭神に加えられなかったことに通ずる」（『高杉晋作と奇兵隊』）

と、田中彰は指摘している。

また、文学の世界に目を転じれば、大西巨人の名作『神聖喜劇』は社会的弱者への差別が太平洋戦争中の陸軍部内でも横行していたことを印象的に描き出している。このような差別の起源が長州諸隊にあるのであれば、

「奇兵隊こそは、士農工商の身分いかんにかかわらず隊士になることを認めたという点で、国民皆兵制の先駆であり、日本の近代的軍隊のはじまりでもあった」

などという表現は木を見て森を見ないようなもので、ちと誉め過ぎであろう。

奇兵隊は腐敗していた

そこでもう少し長州諸隊の実像に迫るため、まずその人数の変化から押さえてゆこう。元治元年（一八六四）八月の馬関戦争（対英米仏蘭四ヵ国連合艦隊戦）、その直後の俗論派政権との内乱劇、慶応元年（一八六五）五月にはじまった四境戦争（幕府による第二次長州追討）の三大事件を経る間に兵力には増減があったが、慶応元年三月の時点での諸隊の定員は千五百人（『高杉晋作と奇兵隊』）。それが、

「戊辰戦争に出動した長州諸隊の人員は約五千、そのうち死者三百以上、負傷者六百を数えた」

と古川薫『長州奇兵隊』にあるから、その兵力は戊辰戦争の開戦が近づくや三倍以上にふくれ上がり、明治二年五月の箱館五稜郭開城後に無傷で帰郷できたのは概算四千百人だったことになる。

しかし、その腐敗は、戊辰戦争の開戦以前からすでに始まっていた。すでに筆者は、

「奇兵隊では幹部たちによる隊士たちの月俸のピンハネが当然とされていた」として三浦梧楼の『観樹将軍回顧録』という史料を紹介しておいた。同書の記述を引用しよう。

隊長の我輩も、兵卒も、一ヶ月の手当が国札《こくさつ》（藩札＝筆者注）三十匁《もんめ》であつた。即ち五十銭に当るのである。然《しか》るに我輩が或《ある》時、公用を以て、山口に出張すると、会計係より旅費だと云うて、五百匁を渡して呉れた。即ち八両とイクラである。月手当三十匁のものに、五百匁の旅費とは、過分も過分も、非常の過分である。

「これはドウしたことか。」

と問へば、

「本陣の衆はチヨツと山口へ来れば、皆旅費として五百匁づゝ渡すことになつて居る。請求があれば、又渡す。」

との答へである。（略）必ず何か私《わたくし》があるに相違ないと、此《この》時始めて気が付いたのである。

三浦がのちに調査したところ、奇兵隊士の月俸は実は六十匁であった。幹部たちはそのちょうど半分をピンハネし、「本陣の衆」が山口城に来た時に丼《どんぶり》勘定でわたす出張費の原資などに充てていたのだ。

このように諸隊の幹部たちが勝手気儘にふるまう傾向は、平《ひら》の隊士たちから見れば批判の対象になる。箱館戦争の終結から半年後の明治二年十一月二十七日、「遊撃隊嚮導《きょうどう》（案内人）並《ならびに》兵士」の名義で長州藩士松原音三宛に差し出された上官名島《なじま》小々男の弾劾書があるので、次にこれを見ておこう。

当隊儀、名島小々男以下私曲、不正之廉《かど》重《かさな》り、（略）（兵士の）精選、（常備軍への）合併等之儀ニ就而《ついて》も（略）事故一人勝手次第之取計《とりはからい》多く……

（『奇兵隊反乱史料／脱隊暴動一件紀事材料』読点筆者）

諸隊の定員はもともと千五百人だったから、箱館から無傷で帰郷した四千百人を藩の常備軍として扱ったりすると出費が超過するのは目に見えている。つまり四千百人に俸給を支払いつづけることは不可能だとして、長州藩庁は帰還兵の一部を常備兵として残しはするが、大人数を解雇しようとした。

その際、名島小々男には私意によって自分好みの者を常備軍にくり入れようとする傾向が甚だしいとして、遊撃隊の嚮導と平隊士たちが上官名島の不正を訴えたのだ。諸隊はとても民主的な軍隊ではなかったのである。

『高杉晋作と奇兵隊』は、当時まだ諸隊に籍を置いていた人数を二千五百二十九人、右のような不満から諸隊を脱隊した人数を千二百二十三人としている（比率三三パーセント）。脱隊者の一部は、明治三年一月二十一日には長州藩主毛利敬親《たかちか》のいる山口公館を怒りのあまり包囲したほど。二月九日には常備軍との間に激戦が起こり、東京から急ぎ帰国した桂小五郎改め木戸孝允《たかよし》（新政府参与）などは、茫然として日記に書いた。

十一字十二字（十一時から十二時）の間、脱隊の徒、銃を束《たば》ね襲来、一時尤《もっとも》烈戦、第四大隊死傷尤多《もっともおおし》。漸《ようやく》三方の敵を払ひ、銃声漸静なり。我兵、最初百余人、敵勢三、四倍、防撃尤難《かたし》。依《より》て漸百余人を加ふ。（略）今日の苦難不可語尽《かたりつくすべからず》。

（『木戸孝允日記』一、句読点筆者）

生還した諸隊の兵は、鳥羽伏見の戦いから五稜郭戦争までを戦い抜いた「戦争のプロ」である。その強悍さが察せられるが、この日一日に消費された弾丸は七万発に達したというから、これは五稜郭戦争を再現したような激戦であった。

愕然とした長州藩庁は、脱走諸隊の追討を宣言。追って斬首八十四人、切腹九人をふくむ二百二十一人を処罰した、と『高杉晋作と奇兵隊』にあるが、その判決文には、

「上を恐れぬ悪逆非道、重科遁《のが》れがたく、之によりて誅戮梟首《ちゅうりゃくきょうしゅ》仰せつけられ候事」

といった無情な文字がならんでいる。脱隊者には士分ならざる者が少なくなかったからこ

そ、長州藩庁は戊辰戦争中の武勲などはいっさい無視し、次々に刑を執行したのである。
「狡《こう》兎《と》死して走《そう》狗《く》煮《に》らる」
とは、まさにこのことではないか。

海賊と化した脱隊者

しかも、なおも追討軍から逃れた脱隊者の残党は、瀬戸内の海賊と化して明治四年（一八七一）まで暴れまわった。かれらは戦友たちが無残な最期を遂げたからこそ、怒りにまかせて無法行為を働いたのだ。

明治三年五月、大坂から瀬戸内海を西へ航海して豊前《ぶぜん》までゆこうとし、この海賊と鉢合わせした五稜郭生き残りの旧幕臣の例があるので、以下少々この話を紹介しておこう。

この旧幕臣は人見勝太郎（のち寧《やすし》と改名し、茨城県令）といい、榎本武揚を総裁とする蝦夷《えぞ》地《ち》政府が樹立されていた間は松前奉行をつとめた優秀な人物である。

まず、小型の小伝馬船《こでんません》で兵庫港までゆき、早船に乗ろうとすると、豊前の柏木某《なにがし》の五百石積みの持ち船の船頭がやってきて、人見と同行の梅沢鉄太郎とに頼みごとをした。

このことは人見の回想録『人見寧履歴書』に基づいて『幕末「遊撃隊」隊長　人見勝太郎』（洋泉社）という歴史ノンフィクションに書いたことがあるので、さわりの部分をそこから引用しよう。

「豊前へゆかれるなら、手前どもの船に乗って下さいませんか。このごろ瀬戸内海には海賊が出没しておりまして、数日前にもさる藩の会計官吏が渡海中に殺害され、大金を奪われるという事件が起きたところです。海賊は長州脱藩の奇兵隊とのこと。蒸気船に乗って各地に出没するので沿海の諸藩が出兵して厳重に警戒しておりますが、今もって捕えられません。手前どもの船は南京米を積んでおりまして豊前蓑島《みのしま》へも立ち寄る予定ですが、こうも危険な頃合ゆえ船賃は申し受けませんから、何卒乗りこんで下さいませ」

船頭は、勝太郎たちを用心棒代わりにして出港しようと目論《もくろん》でいたのだ。

次は、いよいよ海賊たちの登場である。

ふたりが少し酒を飲んでから苫屋根《とまやね》の寝所で夢路をたどっていると、夜半に裸体の舟子《ふなこ》がひとり駆けこんできて、四肢を震わせながら告げた。

「海賊が七、八人、鉄砲と抜き身の刀を手にして胴の間（和船中央部）へ押しこみました。

『軍用金が入用だ、金銭を残らずわたせ。大坂から乗りこんだ侍はどこにおる』と船頭に尋問しておりましたから、今ここにきます」

勝太郎と鉄三郎は驚いて目を醒《さ》まし、灯火を消して「身支度」をした。この「身支度」とは、たすき掛けになって袴の股立《ももだち》を取ったということだろうか。ともかくふたりが寝所から抜け出し、船首近くに引き揚げてある小伝馬船の下に抜刀して潜んでいると、賊二名が寝所の苫屋根の上から白刃を二、三回刺し通した。ついで、小伝馬船に近づいてくる気配だったので勝太郎と鉄三郎が剣を取り直して身構えた時のこと。胴の間の方から呼子《よぶこ》の音が響き、賊二名はその方角へ引き返していった。

勝太郎たちが船尾の方角をうかがうと黒い人影が見え、水音も聞こえた。これは、海賊どもが漕ぎ寄せた短艇にもどる際に起こった水音であった。

人見の回想によると、海賊七、八人は「黒色ノ洋服」を着用していた。戊辰戦争当時、長州兵の軍装は、

「黒木綿の詰襟服・黒木綿のズボン・足袋・草履・革バンドに、鉄剣鞘付で、左肩から右脇に革製弾薬盒の胴乱、右肩から左脇に紐で刀を吊った」

という姿だった（笹間良彦『図鑑　日本の軍装』下巻）。海賊化した脱隊者たちは、依然として黒木綿の軍装姿のままだったようだ。

かつて民主党(当時)政権の菅直人首相は、内閣の陣容を「奇兵隊内閣」と自讃したわりには、短命におわった。奇兵隊と書かれた幟《のぼり》を作って総選挙に立候補し、あえなく落選したタレントもいた。

これらの人々は山口県出身であるにもかかわらず、長州諸隊が金にルーズで身分差別も横行し、その一部は藩庁の非情な措置に激するあまり海賊にまで身を落とした事実をご存じではなかったのであろう。

「山城屋和助事件」

もう少し「長州諸隊と金の話」をつづけたい。なぜそんなに諸隊と金の関係にこだわるかというと、諸隊出身者と長州閥の癒着が始まるのと同時に、明治史に特筆される途方もない汚職事件を起こしたのも奇兵隊の元隊士だったからである。人呼んで、

「山城屋和助《わすけ》事件」

というのは、この世紀の汚職の張本人が横浜在住の貿易商山城屋和助だったためだが、和助は本名を野村三千三《みちぞう》といい、天保七年(一八三六)、周防国《すおうのくに》に生まれた長州人であった。

初め仏門に帰依していたが、乱世到来となるや還俗《げんぞく》して奇兵隊の隊長のひとりに出世。山県狂介と親しくなって越後口戊辰戦争にも同行、そこそこの戦功を立てて凱旋帰国したという戦歴の持ち主だから、そのまま軍人として歩むことも可能であったろう。しかし、野村は戊辰戦争が終結するや商人となり、横浜で生糸の輸出業を始めた。

一方、山県狂介改め有朋は明治三年（一八七〇）兵部少輔《しょうゆう》となり、大村益次郎亡き後の軍政を担当。四年、兵部大輔《たいふ》となると、野村三千三改め山城屋和助を旧交により兵部省の御用商人とした。

和助は、生糸輸出が大いなる国益を産み出すことになるゆえんを有朋に力説。ついては兵部省より金五十万円を拝借したいと申し入れ、有朋は会計官でやはり長州出身の木梨《きなし》精一郎と相談の上これを許した。

明治五年（一八七二）二月の兵制改革により、兵部省は廃されて陸軍省と海軍省が置かれ、有朋は陸軍卿という名の陸軍のトップとなった。この兵制改革は軍縮ではなく軍拡を志向する性質のものだったから、陸軍に軍需品を納入する業者は有卦《うけ》に入る。山城屋も出入り商人としての仕事は手広くなる一方で、陸軍省から借りた金額は六十四万九千余円に達した。

当時の国家財政を振り返ると、四年度の歳入は五千四十四万五千円。歳出は五千七百七十三万円（「明治前期財政表」）。七百二十八万五千円の赤字だが、なんと山城屋はこの赤字幅の八・九一パーセント、歳出の一・一二パーセントを懐に入れたことになる。

しかも陸軍省の役人には和助が有朋から特別待遇を受けていると承知の上で、和助に借金を申しこむ者がすこぶる多かった。これには和助も拒むことができず、証文を取りもせずに金をわたすことさえあった。

その本業である生糸貿易は、発展の一途。各地で産出される生糸を買収、諸外国の商館と取引契約を結び、盛んに輸出したため、山城屋の名はひろく世に知られるに至った。

しかし実は、和助のやり方は「士族の商法」そのものなのだった。生糸の売り買いは慎重に相場を見ながらおこなうべきものであり、海外に輸出するなら海外通貨と円の交換率の変動もチェックの対象でなければならない。

そこまで理解することなく商売の間口をひろげた和助は、軍需で稼ぎ出した利益をもって生糸相場の損失分を埋める、という悪循環に陥っていった。

それでも和助は、まだ失敗したとは思わない。みずから渡欧して各商社と直取引《じか》を始めようと考え、四年十二月にフランスのパリに旅するや、取引先にアピールする必要を感じたのか、一世一代の豪遊を開始。そのあまりの散財の仕方はパリ駐在の弁務使（公使）鮫島尚信やロンドン駐在の大弁務使寺島宗則の知るところとなり、ふたりは外務卿副島《そえじま》種臣に左のように報じた。

日本の紳士にして野村三千三なるもの、多く世人の知らざる所なるに、当地に於ける豪遊は、目覚《めざま》しきものあり。有名なる巴里《パリ》の旅館に宿泊し、屢《しばし》ば劇場に遊んで一流の女優に戯れ、又競馬に万金を一擲《いつてき》して屢ば破れ、近日は巴里一富豪の金髪美人と婚約を結ぶとの噂あり。彼が巴里に来着してより消費したる金額既に数十万円に達せるは事実なり。

（徳富蘇峰『近世日本国民史』84、内政外交篇）

「薩人《さつじん》は朴直にして長人《ちようじん》は狡獪《こうかい》」

とは同書中に見える蘇峰の薩長出身者への評だが、和助のこの大スキャンダルに注目したのは、木梨精一郎の下で陸軍の会計に関与していた薩摩出身の種田政明少佐と、おなじく桐野利秋少将。

この二人から和助への公金過剰貸与の責任を問われた有朋は、当惑のあまり、パリの和助へ電報を打って至急帰国するようにうながした。

これを受けて急ぎ帰国した和助は、自分のことが陸軍省ばかりか司法省でも問題視されているのを知り、とりあえず有朋に面会して弁解しようとした。しかし、有朋としては公金六十四万九千余円の速やかな返納を求めるしかない。

それでも和助は、弁解と逆提案をこころみた。

——今回の旅で取引の契約を結んだ外国商社は少なくありませんから、生糸の荷が入りさえすればそれを流通に乗せられます。公金を即刻返納することはできませんが、一時凌《しの》ぎの手段として手形を切りましょう。現金は取引実行の上でただちにお返しします。

これを了解した有朋は、ふたたび薩摩出身者たちから攻撃されると、返納済みである、と答え、木梨精一郎も口裏を合わせた。

薩摩出身者たちはこの嘘を見破れなかったが、佐賀出身の司法卿江藤新平は官吏の不正摘発に熱意を燃やしており、この一件に注目。和助の切った手形が空手形そのものであることを突き止め、司法省の職権によって陸軍省の会計のすべてを調査することに決定した。

それを耳にした和助は、陸軍省関係者の帳簿、長州出身の軍人たちから出させた証文などをすべて焼き捨て、有朋からの急使を迎え入れた。

その結果、和助はどう動いたか。次に引くのは、

「死の前日一切の債権を焼き捨てて／陸軍省玄関で山城屋和助割腹」

と大見出しをつけた『新聞雑誌』七二（明治六年〈一八七三〉一月刊）の記事である。

府下巨商山城屋和助、陸軍省借金負債ノ事ニ差迫リ、十一月廿九日同省ニ於テ一封ノ書面ヲ遣シ置キ潔《いさぎよ》ク自尽《ジジン》ヲ遂ゲタリ。同人予《カネ》テ商法ニ志厚ク、近頃又海外各国を歴過《れきか》（周遊）シ、帰朝ノ後益々其《その》業ヲ大《おおい》ニセント奮励竭力《けつりょく》（尽力）ノ折柄《おりから》、其負債事件ノ詳細ハ知ルベカラズト雖《いえど》モ、従容《しょうよう》一死ヲ潔フセシハ実ニ愛惜スベキヿ《こと》ナラズヤ。殊《こと》ニ平日他方エ貸渡《かしわた》セル金銀券状類ヲ前日ニ方《あた》リ尽《ことごと》ク焼キ棄テタリシ由、又従来同人より借金セシ人々モ多カ

ル中ニハ、此困厄《こんやく》ニ乗ジ己《おの》ガ負債ヲ幸ト思ヒシ者モアルベシ、然ルニ或《ある》旧識ノ官員其死ヲ追討シ、直《ただち》ニ四百余金ヲ贈リテ葬資（葬式費用）ニ充《あ》テシムト云《いう》。

この記事が妙に和助に好意的なのは、情報源が長州出身の軍人たちであったことを言外に示している。かれらは和助の不正蓄財の「おこぼれ」に与《あずか》った者だけに、和助が軍人たちから取った借金証文をすべて焼却して自殺したことにほっとして記者の取材に応じたのであろう。

なお明治五年の物価は、慶応大学文科系の年間授業料が十八円、日本酒（上等酒）が一升四銭以下、銭湯の入浴料が一銭五厘、東京・銀座「三愛」付近の一坪あたりの地価が五円といったところ（週刊朝日編『値段の明治大正昭和風俗史』）。銀座の土地が八十坪以上買える「四百余金」を香典として持ってきたのは、山県有朋としか考えられない。

その有朋は和助の切腹に先立つ五年三月九日から近衛局（近衛師団の前身）の初代長官近衛都督をもつとめていたが、この山城屋事件の責任を取って同年七月十九日に辞職した。しかし、その翌日に西郷隆盛が後任の近衛都督に就任すると薩摩出身軍人たちの関心は有朋から逸《そ》れ、かれは失脚を免れることができた。

「長の陸軍、薩の海軍」

という表現は、陸軍は長州閥が、海軍は薩摩閥が牛耳っていたことを示している。そして「長の陸軍」は陸軍省の開設と同時に腐敗しはじめていたのであった。あたかも長州諸隊のDNAを受け継いだかのように。

徳島藩の「庚午事変」とは

似たような藩内抗争は、阿波徳島藩二十五万石でも起こった。

この藩の藩祖は、豊臣秀吉がまだ木下藤吉郎と称して針売りの行商などをしていたころ、面倒を見てやった蜂須賀小六正勝《ころくまさかつ》である。まだ尾張一国の大名に過ぎなかった織田信長が美濃攻めをおこなった際、その先鋒に指名された藤吉郎を助けたのがきっかけとなって、蜂須賀正勝のせがれ家政《いえまさ》が秀吉政権下で徳島十八万石を拝領。家政の嫡男至鎮《よししげ》の代に家康が天下人となると、蜂須賀家は徳川軍に味方した功により淡路島七万百八十石を加増されて徳島藩は二十五万石の大身《たいしん》となった。

『三百藩藩主人名事典』四が、徳島藩のこれ以降の名称を「阿波淡路徳島藩」とも表現しているのは、阿波国《あわのくに》と淡路国《あわじのくに》とは別の国であり、徳島藩蜂須賀家の領土がこの二ヵ国にまたがっていることを示したのだ。

蜂須賀家にあってこの淡路国の洲本《すもと》城を任されたのは、家政の家老として徳島入りした稲田植元《たねもと》を初代とする城代家老稲田家の当主。同家は阿波国美馬郡《みまごおり》も領有していたため、その知行高は両者を合わせて一万四千三百六十一石あまりとされていた（実高は三万石に達していたといわれる）。

稲田家に仕える家臣たちは「稲田侍」と呼ばれており、その人数は幕末には三千人にも達していた。幕末の諸藩の藩士数は一万石につき七十人前後だから、稲田家の実高を三万石と見ても二百十人ほどいればよい。

というのに三千人と大変な数の家臣団を保有していたのは、大坂湾から見れば沖合に横たわる淡路島が海防の要地とみなされていたためである。横浜─瀬戸内海─下関─日本海─清《シン》国の諸港という海外航路は日本の開国直後にひらかれたもので、英米仏蘭四ヵ国の連合艦隊が淡路沖を経て下関へ往復し、長州藩の砲台を叩いたこともあったのだから、淡路島を海防の要地とみなすのはきわめてまともな発想であった。

しかし、徳島藩蜂須賀家に直臣《じきしん》として仕える藩士たちから見れば、稲田侍は陪臣《ばいしん》に過ぎない。直臣ならば白足袋をはくことが許されるが、稲田侍には浅葱色《あさぎいろ》の足袋しか認められていない、という身分差別も厳然と存在した。

学問にしても、国許詰めの直臣の子弟たちは寛政三年（一七九一）に徳島城下の寺島に置かれた学問所で学んだ。江戸詰めの直臣の子弟たちは、安政三年（一八五六）に江戸の八《はっ》丁堀《ちょうぼり》の江戸中屋敷《なかやしき》に開設された長久館《ちょうきゅうかん》に学んだ。

対して稲田侍の子弟たちは、洲本城下に稲田家が建設した郷校《ごうこう》益習館に学ぶのをつねとした。徳島藩は蜂須賀家直臣たちと稲田侍のダブルスタンダードを解消しようともせず、幕末維新を迎えてしまったのである。

それでは、蜂須賀家と稲田家が、幕末維新の変革期にそれぞれそのように行動したかを見てゆこう。

蜂須賀家第十三代当主の斉裕《なりひろ》は公武合体派であり、第一次長州追討の際にも幕府軍の一翼を担った（第二次長州征討の際は、讃岐《さぬき》沖へ船を進めたところで戦闘中止の報を知る）。斉裕はもし元気だったとしても、討幕派の薩長土肥に与《くみ》する気にはなれなかった人物だったのではあるまいか。

しかも、斉裕は慶応四年（一八六八）一月六日、すなわち鳥羽伏見の戦いの発生から六日目に徳島城にて四十八歳の生涯をおえてしまい、戊辰戦争にどう対処するかは二十三歳にして新藩主となった茂韶《もちあき》の判断にゆだねられた。

茂韶は、最後の将軍が江戸へ遁走したと聞いて討幕派に変身。奥羽戊辰戦争もおわりかけた時点でようやく白河口へ出兵したものの、兵力わずかに二百、しかもあまりに時代遅れの装備だったので諸藩の失笑を買う始末だった。

これに対して稲田家の第十五代当主九郎兵衛《くろべえ》邦植《くにたね》は、時代の風を読み切って迅速に動いた。鳥羽伏見の戦いが起こったと知るや、いち早く百人の稲田侍を加勢として薩長側に派遣。つづいて一大隊およそ四百の兵力を出征させたため、

「稲田藩」

「洲本藩」

と呼ばれて勤王諸藩から一目置かれる存在となったのだ。

淡路島は阿波よりも京都・大坂に近いから、中央の動きを徳島城詰めの者たちより早くキャッチすることができる。こういった地の利もあったため稲田侍たちは武功をあらわすことができたのだ。明治二年六月二日に発令された戊辰戦争の「論功行賞表」(『維新史』第五巻所収)によると、蜂須賀茂韶と稲田邦植はそろって金二千両を下賜されている。

徳島二十五万石の藩主と実高三万石とはいえ表高一万三千余石の城代家老がおなじ額面の褒賞を受けたのは、後者の功労が抜群なものであったことを物語る。

『三百藩家臣人名事典』6、徳島藩、稲田邦植の項(三好昭一郎執筆)には左のようにある。

慶応元年七月に養父植誠《たねのぶ》の死により家督を相続するとともに、植誠の遺志を継いで王事につくした。京都で有栖《ありす》川宮《がわのみや》家《け》や岩倉具視《ともみ》邸に出入りし、南勲風《みなみくんぷう》らの家来を王事のために奔走させた。明治元年に戊辰戦争が起こると、日の御門守衛を命じられたのをはじめ、摂津西宮《にしのみや》に出兵、また高松征伐には土佐・丸亀・徳島藩とともに出陣、また征東総督有

栖川熾仁《たるひと》の護衛に当たって江戸に進撃するなど、その活躍はめざましかった。

明治二年（一八六九）一月、徳島城西の丸にあらたに藩校長久館《ちょうきゅうかん》が開設され、砲術、洋学、算術などが教授されはじめたのは、徳島藩があまりに時代遅れになっていた士風の刷新を願ったためにほかならない。

ところが同年六月十七日に明治政府が版籍奉還に踏みきると、蜂須賀家と稲田家の関係はさらにこじれた。

このことは短編小説集『眉山《びざん》は哭く』（文藝春秋）の表題作に書いたことがあるので、以下少々拙文を引用したい。

> 版籍奉還の結果、大名二百七十三家の当主は藩知事となって華族に列し、その家禄は一律に従来の十分の一に切り下げられた。
>
> これに対して旧家臣団は士族に編入されることになり、徳島藩の場合、五人の家老は一千石、中老《ちゅうろう》（若年寄）は二百石、物頭《ものがしら》は百石、平士《ひらし》は三十六ないし四十石と軒並家禄を引き下げられた。（略）
>
> この新禄制によると、各藩士の家につかえる陪臣たちはことごとく士族の下の卒族に組みこまれ、藩の銃卒として用いられることになっていた。のみならずこれまでの禄は停止

され、かわりに藩庁からいくばくかの扶助を受けるだけ、とされていた。そのために城代家老稲田九郎兵衛家中《かちゅう》から、猛反対の声が噴き上がったのである。

前述のように稲田家は実高三万石と譜代大名並の実力者。それだけに、もしもこれ以前に徳島藩から独立して「稲田藩」ないし「洲本藩」を立藩していたならば、華族につらなることもできた。

しかも稲田家の家老井上九郎右衛門《くろうえもん》は、禄高五百石。ほかに二、三百石取りの稲田侍は数十人いたから、士族になれず扶助しかもらえなくなると知るや、これらの者たちを中心に不満が噴出したのだ。

稲田家の分藩騒動

ここから次第に輪郭がわかってくる稲田家の分藩騒動は、「稲田騒動」と呼ばれることもあれば明治三年の庚午《こうご》の年になってから無残な結果を迎えたので、「庚午事変」と表現される場合もある。

ここからは庚午事変編集委員会『庚午事変』や『庚午事変研究の栞《しおり》』によって、この騒動がどのように進展していったかを眺めてみよう。

まず明治二年九月二十四日、稲田邦植は徳島藩庁に嘆願書を差し出し、新禄制に対して注文をつけた。いわく、

「今後、稲田家の家来たちにわたされるべき扶助は稲田家が一括して受け取り、稲田家が家来たちと従来通りの主従関係を続けることをお許しありたい」（大意）

これは稲田侍たちを卒族に落とすことなく、なおも稲田家に仕える士族として待遇していただきたい、というニュアンスだ。

しかし、この要求を認めると稲田邦植は士族の上に位置する華族ということになってしまう。すると稲田家は蜂須賀家と同格の身分となってしまい、不都合である。

蜂須賀家側は、そう考えて態度を硬化させたが、稲田家の気持もわからぬではないとして、

「稲田侍のうち高禄な者は士族とする、ということでどうか」

と折衷案を示した。

それでも稲田家側は、全員を士族としていただきたい、という主張を枉《ま》げない。

しかも奇怪なことに、蜂須賀家側がふたたび折れてこの要求を吞むと伝えたにもかかわらず、稲田邦植は何の反応も示さなくなった。

すると明治三年二月下旬、東京へ出張していたふたりの藩士、南堅夫《たかお》と阿部興人《おきと》から徳

島城へ飛報が届いた。学問修業の名目で上京中の稲田侍三十人がひそかに稲田家の意を体し、有栖川宮熾仁親王、大納言岩倉具視らに対して分藩工作をおこないつつあるという。

いうまでもなくこの分藩工作とは、淡路国を封土とし、初代藩主を稲田邦植とする立藩計画である。

しかし、徳島藩蜂須賀家の直臣たちから見れば、これは主家を割って家中から去るという不敵な選択であり、「不忠」の二文字を絵に描いた行動に映る。

徳島藩士たちが激怒していた三月下旬、岩倉具視から藩知事蜂須賀茂韶宛に内命が届いた。内容は次の如し。

一．稲田邦植主従には、北海道静内《しずない》郡および色丹島《しこたん》への移住、開拓を命じる。

一．開拓が成功するまで、徳島藩庁は稲田家に対し、従来の禄高から新家禄一千石を差し引いた一万三千五百石を十ヵ年の見込みで給付する。

あきらかに岩倉は蜂須賀家と稲田家が元の鞘《さや》に収まることはないと見て、稲田家の分藩工作を事実上受け入れることにしたのである。

だが、徳島藩蜂須賀家が二十五万石から二万五千石へと家禄を落とされたというのに、その二万五千石から一万三千五百石を稲田家へ渡しつづけたら、収入は一万千五百石と稲田家のそれを下回ってしまう。しかも稲田家の分藩を認めたりしたら、それは徳島藩知事が無能だと天下に公表されるのにひとしい。

困惑した蜂須賀家はみたび稲田家との交渉をこころみたもののうまくゆかず、四月四日、徳島城本丸表御殿に全士族を集めて大会議をひらいた。

皮肉なことに、この日初めて稲田家の分藩工作を知った士族たちの方が強く憤慨。長久館学頭の新居水竹《にいすいちく》に至っては稲田家の武力討伐を提案したので、事を荒立てたくなかった蜂須賀茂韶は茫然としてしまった。

そこで藩庁は、こうなってはありのままを政府に報じるしかないと判断。有志総代として十人の士族を選出した。

南堅夫、兼松又三郎、藤岡次郎太夫、滝直太郎、小川錦司、三木寿三郎、大村純安、平瀬伊右衛門、角村十右衛門、多田禎吾。

このうち大村純安は、新居水竹の門下生。南や滝は水竹門下の藩儒（藩士として採用されている儒学者）柴秋村《しゆうそん》の弟子だから、水竹から見れば孫弟子である。これら十人には取締役として水竹と長久館幹事兼槍術師範の小倉富三郎も同行することになり、一行は四月二十日、東京一橋の徳島藩邸に入った。

明治政府は水竹の嘆願書によって徳島藩の容易ならざる内情を知り、蜂須賀茂韶、稲田邦植の両者に上京を命じることにした。これを受けて水竹は、兼松又三郎と角村十右衛門を使者に指名。その一方で自分と小倉富三郎以外の八人をひそかに徳島と洲本へ送り、士族たちに稲田侍討伐のための挙兵をうながす檄文《げきぶん》を配布させた。

昨秋以来、稲田九郎兵衛旧家来ども、御一新の御政体に相悖《もと》り（略）、その旧主家をも不忠不義の罪におとしいれ候段、天地許すべからざるの大悪そのままにさしおきがたく、両国《りょうこく》（淡路国と阿波国）の兵隊一同決議の上、断然誅罰《ちゅうばつ》を加え、その巨魁を斬戮《ざんりく》し、……（読み下し筆者）

徳島藩士族たちは、この檄文に敏感に反応した。五月十三日に動き出した士族たち約九百六十人が稲田家の知行所である美馬郡と洲本を襲った事件こそが、「稲田騒動」あるいは「庚午事変」と呼ばれる徳島藩の内部抗争なのだ。

太政官政府の裁定は

同日の朝ぼらけ、徳島城の大手門外に集結した指揮官の南堅夫と士族百六十人余は、昼近くに吉野川上流の美馬郡に向かって行軍を開始。同郡に住居を持つ稲田侍を討伐しようとしたが、暴発を防ぐべく追いかけてきた藩庁の役人ふたりの意表を突く行為によって出鼻を挫《くじ》かれた。

その役人、下条勘兵衛と牛田九郎が暴徒化しようとしている友人・知人を何とか思い止まらせようとして考えついた方法とは、一行の前方に両手両足を大きくひらいて立ちふさがり、相ついで立腹《たちばら》を切ることであった。

一方、十一日から洲本へ集まってきた徳島藩士族およそ八百は、四斤山砲《しきんさんぽう》四門を曳《ひ》いていた。十三日早朝、洲本城にほど近い一千坪の稲田屋敷を二重三重に包囲したかれらは、この四門による砲撃を開始。つづけて屋敷内に鉄砲隊を突入させて乱射をおこなわせたため、稲田方からは即死十五（うち女子三名）、深手七、浅手十三（うち女子六名）、自殺二の被害者が出た。焼失家屋は、稲田屋敷とその長屋十一棟。郷校益習館のほか、九戸の屋敷と二家の長屋に及んだ。

士族側に死傷者が出なかったのは、稲田方がこのことあるを予期し、いっさい抵抗しないよう申し合わせていたからである。

以上の出来事を報じられた岩倉具視は、事態を深刻なものとみなし、一時は蜂須賀家を断絶処分にしようとした。その意向が同家に伝えられたところ、士族たちが仰天して攻撃を取り止めたので、庚午事変はわずか一日にして終息に向かうことになったのだ。

しかし、庚午事変は長州藩における奇兵隊の脱隊騒動とおなじく内乱であり、死者が十七名も発生した以上、その罪は問われねばならない。八月十二日、政府と刑部省からは蜂須賀茂韶徳島藩知事に対し、次のような沙汰書が下った。ここでは人名を省き、刑と人数のみを記しておく。

斬罪八人、流《る》終身（終身流罪）二十六人、流七年一人、禁錮終身八人、禁錮三年三十二人、禁錮二年七人、謹慎四十四人と銃士隊一統

（『太政官日誌』第三十四号）

立腹を切って暴挙を止めようとした下条勘兵衛、牛田九郎には、「奇特之事」として祭祀料二百両ずつが与えられた。打算的に切腹することは、「商腹《あきないばら》」といわれる。このふたりの切腹は「商腹」などではないが、明治三年の腹切り代は二百両だったことになる。

こうして庚午事変の非は蜂須賀家側にありとはっきりしたので、九月三日、蜂須賀藩知事と家老格の権大参事《ごんのだいさんじ》四人、若年寄格の権少参事ふたりは政府に進退伺い書を差し出した。すると政府は、追って藩知事以下の上記七人ほかに謹慎を命じた。

また、取締役として有志総代十人に同行した新居水竹と小倉富三郎も、九月十五日、東京の藩邸で切腹刑に処された。これが「日本における最後の切腹であった」（『徳島市史』第四巻）。

この傍点部分は「最後の切腹刑」とすべきであり、切腹刑とは切腹の体裁を取らせて武士としての体面を保たせながら首を打つ刑のこと。上記のふたり以外の八人の刑場とされた徳島市内の万福寺と蓮花寺には、昭和五年（一九三〇）、この年が庚午事変六十周年にあたることから「屠腹遺跡」碑が建てられた。

右の十人はいつしか、

「庚午志士」

と呼ばれるようになり、徳島では稲田侍よりも庚午志士たちの方が高く評価されて今日に至っている。

その証拠となるのは、昭和四十五年（一九七〇）、徳島で「庚午事変百年記念会」が組織され、万福寺に左のように刻んだ歌碑を建てたことだ。

明治百年庚午事変にたふれたるみたまやすかれあとをとふらふ

詠者は、蜂須賀茂韶の娘の年子である。

それでは、稲田家の分藩運動は願いが叶ったのか、叶わなかったのか。

これについては、明治三年十月四日に始まり十八日に至る『太政官日誌』第四十五号の十五日の項に、稲田九郎兵衛（邦植）への沙汰書の写しがずらりと並んでいるので、その要旨を列記してみる。

従前家禄十分の一、廩米《りんまい》（蔵米）ヲ以テ下賜、北海道移住仰セ付ケラレ候事

但シ、移住相済ミ候迄《まで》、兵庫県貫属《かんぞく》（兵庫県に戸籍を持つ人間）仰セ付ケラレ候事（仮にAとする）

日高国《ひだかのくに》／静内郡　志古丹島《しこたん》（色丹島）

右開拓仰セ付ケラレ候事（Bとする）

○

従前知行所高一万四千五百石之内、家禄十分之一引キ去リ、其余ヲ以テ十年間開拓費ニ宛テラレ候条、受ケ取リ方ノ儀ハ、兵庫県へ承合《しょうごう》（問い合わせ）スベキ事（C）

○

稲田九郎兵衛前知行所、高一万四千五百石（については）淡路国ニ纏《まと》メ、兵庫県管轄ニ仰セ付ケラレ候事（D）

ブツ切りの肉片を並べたような愛想のない文章だが、政府の言いたいのは次の諸点である。

①庚午事変という内乱まで引き起こした以上、蜂須賀家と稲田家がおなじ徳島藩領に並び立つとは考えにくいので、稲田家の所領は美馬郡のそれを奪って淡路国の一万四千五百石に一本化する（D）。そして、淡路国は兵庫県に合併するので、稲田家とその家臣団は同県に戸籍を持つ者とみなす（A）。

②その上で稲田家には北海道への移住を命じ、日高国の静内郡と色丹島の開拓を仰せつける（A、B）。

③稲田家の禄高は従来通り一万四千五百石とするが、十分の一を差し引き、一万三千五十石として十年間与えるので、これを開拓費として使用せよ（C）。

要するにこれは、稲田家の主従を兵庫県人とする、という点だけは耳新しいが、あとは三月下旬に岩倉具視が蜂須賀茂韶に与えた内命とほとんどおなじで、違う点といえばただ一ヵ処、岩倉が「従来の禄高から新家禄一千石を差し引いた一万三千五百石」を与えるとしたのを一万三千五十石と、四百五十石削っただけである。

このことからも、稲田家の救済には岩倉の意向が大きく働いていたと推察できる。

この決定から九ヵ月後、明治四年（一八七一）七月には廃藩置県となるので、稲田家主従の移住先が「稲田藩」ないし「洲本藩」と呼ばれることはなかった。しかし、長州藩奇兵隊の脱隊騒動が脱隊者サイドの海賊化という哀れな末路をたどり、かつ不平士族の乱の先例のような形を取ったのに対し、庚午事変は政府の指示を得て分藩を望んだ稲田家側に凱歌《がいか》の上がった点がまことに興味深い。

稲田家の北海道移住に材を得た歴史小説としては、船山馨の『お登勢』がなかなか良い。稲田侍たちが懸命に開拓した静内郡の静内町（現、新ひだか町）が、今はサラブレッドの産地として有名になったことも歴史の流れを感じさせる現象である。

私はまだ訪ねたことがないが、ここは酪農の盛んな土地となって牧場が多数存在し、トウショウボーイ、サクラチヨノオー、ウイニングチケットなどの競走馬はこの地の産だという。競馬好きなみなさんには、旧徳島藩城代家老稲田家と国産サラブレッドの奇《く》しき縁を知っておいていただきたいものである。

第6章
移住という名目の「挙藩流罪」

高杉晋作

吉田松陰門下の
長州藩士。
奇兵隊を編成した。

斗南藩、明治三年に誕生

戊辰戦争終結直後の敗者の処分において、もっとも非情な扱いを受けたのが会津藩であったことは第4章で述べた。

明治二年（一八六九）十一月十四日、太政官からの沙汰書によって松平容保《かたもり》の長男慶三郎改め容大《かたひろ》に三万石の封土が与えられると決まったこともすでに述べた通りだが、この時の封土は「陸奥国《むつのくに》ニ於テ」という一種漠然たるもので、但し書きにも「郷村帳ノ儀ハ、追ツテ御沙汰コレアルベク」とあるだけだった。ということは、再興される旧会津藩松平家の新たな封土が陸奥国のどの地方になるかは、この時点ではまだ決定されていなかったことを示して余りある。

ただし、この沙汰書に関しては政府が会津松平家に対し、「猪苗代《いなわしろ》または陸奥の北部にて」（葛西富夫『斗南藩史』）との内意を伝えていた、とするのが定説とされている。「陸奥の北部」とは北郡、三戸《さんのへ》郡、二戸郡のことである（現在の青森県と岩手県の一部）。

そして、十二月十四日、東京府は松平容大に外桜田の「狭山《さやま》藩知事上ヶ邸《あげやしろ》」(『会津松平家譜』)すなわち河内狭山藩一万石の北条家から召し上げた屋敷を下賜した。すでに東京に出てきていた旧会津藩家老山川大蔵《おおくら》改め浩以下は、この屋敷に移って藩の再興準備に没頭することになる。

年が改まって明治三年(一八七〇)正月三日を迎えると、政府は松平容大宛にまとめて四通の達し書を与えた。

一. 容保の元家老のうち重立った者を除いた四千六百七十余人と箱館で降伏した二十九人の謹慎を免除するから、兵部省から受け取ること。

二. 容保の元家老のうち北海道石狩国へ移住していた百九十人もわたすから、これも受け取ること。

三. 北海道後志《しりべし》国のうち太櫓《ふとろ》郡、瀬棚《せたな》郡、歌棄《うたすつ》郡、おなじく胆振《いぶり》国のうち山越《やまこし》郡をもその方の支配地とする。

四. 容保の元家老たちをひきわたし、北海道四郡の支配を命ずるにあたり、この三月以降は現米(あてがい米)二万石、来年は一万五千石、再来年は一万石を与えることとする。

(『太政官日誌』を意訳)

仮に「一」とした条項により、越後高田と東京小川町の講武所（幕末に幕府が設けた武道場）、護国寺その他に収容されていた元会津藩士たちのほとんどは、自由を約束されたわけである。

ところで旧会津藩の藩校日新館《にっしんかん》は非常に学力水準が高く、『日新館童子訓』という新入生用の独自の道徳の教科書も使用していた。そういう士風だから謹慎を免除されるやすぐに藩士子弟の教育を開始し、仮校舎には芝増上寺にある旧会津藩の宿坊徳水院が充てられた。

しかし、滅藩処分とされてこの方、収入が途絶えているのだから、のちに東京帝大、京都帝大、九州帝大の総長を歴任する山川健次郎ら約五十人の生活は苦しかった。次に引くのは、花見朔巳編纂『男爵山川先生伝』の一説である。

（上略）学生の給与は一日南京米二合、鳥目百文に過ぎなかつた。如何《いか》に物価の廉《やす》い時代とはいへ、これだけでは到底凌《しの》げさうにもない。鳥目百文では筆・墨・紙・灯油・寝具等の損料の諸経費を差引《さしひ》けば、剰《あま》すところは幾何《いくばく》もなかつた。故《ゆえ》に副食物は胡麻塩を常とし、下駄などは四五十人に四五足の割で持つて居たといふ。それにも増して悲惨を極めたのは、腹を満《みた》すべき主食物の不足したことであつた。戦争当時若松籠城の時などはもちろん副食物もなく、玄米などを食べたこともあつたが、然《しか》し腹を満たすことだけは出来たものであるが、徳水院に於ては、何分にも一人前南京米二合の配当に過ぎなかつたから、如何に胡麻塩あればとて、発育盛りの食欲旺盛な青年達の腹を満すことは、思ひもよらなかつた。この空腹には流石《さすが》の先生も余程こたへられたと見えて、「予の一生中この時のやうに窮したことはなかつた、人生苟《いやしく》も饑渇より甚だしい難儀なことはないから、今でも自分は食事の不満不足を申したことはない。」と後年屢々《しばしば》述懐して居られた程であつた。

これは旧浜田藩士たちが美作《みまさか》の飛地領へ流浪した時、十人ないし十二人が掛け布団と敷布団各三枚で寝た、というのに似た悲惨さである。

話を政府から松平容大宛の達し書にもどすと、「四」とした条項は新領地に加えられた北海道四郡が稲作不可能の土地だったことに関係しよう。

では、この北海道四郡とは別に与えられる本領をどこにするか、という問題については、旧会津藩が猪苗代か奥州北部か、という二者択一を迫られたことは確かである。仮称するなら旧藩士たちは「猪苗代派」と「奥州北部派」に分裂して激しく論争しはじめた。

「猪苗代派」の代表は町野主水《もんど》という禁門の変で三番槍となった豪勇の士。豊臣秀吉から会津領主に指名された蒲生氏郷《がもううじさと》に従って会津入りし、猪苗代城を与えられた町野幸仍《ゆきより》の子孫に当たる町野主水は、敗戦後も会津に残留し、白虎士中二番隊の少年十九名をふくむ会津藩戦死者たちの埋葬に力を尽くした人物でもある。「猪苗代派」の主張は、

「墳墓の地を去るは不可能なり」（広沢安宅《やすおり》『幕末会津志士伝』「永岡久茂」の項）

の一点にあった。対して「奥州北部派」は山川浩、広沢安任、永岡久茂らである。広沢と

永岡は、藩校日新館から昌平坂学問所に留学した経験のある秀才であった。

熱血漢であり、雄弁家でもある永岡は、

「今日の急は糊口の路《みち》を開くにあり、故郷に恋々する時にあらず」（同）

と主張。結果として「奥州北部派」が大勢を占めたため、旧会津藩は奥州北部を本領、北海道四郡を別領として再出発することに決まった。

「藩命申し出ずべき事」

という太政官からの通達に従い、新たな藩が「斗南藩《となみ》」と定められたのは四月のこと、容大が斗南藩知事に任じられたのは五月十五日のことであった。

「斗南」ということばの由来については、

「北斗以南皆帝州」

という表現が中国の詩文にあり、

「われわれは、朝敵でもなければ賊軍でもない。共の北斗七星を仰ぐ帝州の民である」（『斗南藩史』）

との思いから名づけられた、というのが定説であった。だが、出典とされる中国の詩文が見つからないことから、近年この説には疑問符がつけられるようになりつつある。

この問題について私見を述べると、私は平成十六年（二〇〇四）に長編小説『落花は枝に還らずとも　会津藩士・秋月悌次郎』上下巻（現在、中公文庫）を脱稿する前に、やはり幕末の昌平坂学問所留学組の秋月悌次郎が、蝦夷地《えぞち》の斜里《しゃり》代官所へ左遷されて病んで寝ていた慶応元年（一八六五）に賦した七言絶句があることに気づいていた。

　それを読み下すと、左のようになる。

　京洛斯《こ》の時に合い謀《ぼう》を献ず
　諦居《たっきょ》病に臥す北蝦州《かしゅう》
　死して枯骨《ここつ》を埋《うず》むるも還《また》悪しくは非ず
　唐太《からふと》以南皆帝州

　最後の結句と「北斗以南皆帝州」とは、「唐太」が「北斗」（北斗七星）となっているだけの違いである。しかも、唐太（サハリン）は「北蝦州」（蝦夷地北部）から見てもさらに北に位置する。「唐太以南皆帝州」を「北斗以南皆帝州」と表現を変えるのは容易な発想であるし、秋月悌次郎は漢詩の大家として藩外にも名を知られた文人であった。

　それらのことを合わせて考えると、もともと悌次郎と交流があった藩士仲間で「奥州北部派」に属しただれか——たとえば広沢安任か永岡久茂が、悌次郎の「唐太以南皆帝州」から「北斗以南皆帝州」という表現を思いつき、上四文字を縮めて「斗南」という藩名にたどりついたのでは、と推理したくなるのである。

鉄条網なき収容所送り

明治三年四月に始まった斗南移住に参加した者、不参加だった者については、次の記述によって数字が把握できる。カッコ内に示した戸数は原文では割注だが、引用では一行書きにして示した。

或《あるい》は一時会津に留《とどま》る者あり（二百十戸）、或は農商に帰する者あり（五百戸）、或は東京又は各地に赴きて生活を求むる者あり（三百戸）、此《こ》の外《ほか》に北海道に移住せる者あり（約二百戸）、是《これ》を以《もつ》て斗南に移住せる者は二千八百余戸に過ぎずして、新封地延長数十里の間に点々散在す。

（『会津戊辰戦史』）

「二千八百余戸」の人数は、一万八千人ほどだったといわれている。

斗南移住に参加しなかった者の代表は、町野主水と山川健次郎というところか。町野はもともと斗南移住には反対の立場、健次郎はさらに学問をつづけるため東京に残留したのである。

これらの人々とは別に移住を望んだ人々がまず困ったのは、家財産と家禄をことごとく失っていたため移住費がないことであった。そこで山川浩たちは、政府に一時金若干と三年分の食糧として四万五千石の米の拝借を要望。政府は七月に、東京、若松、越後高田在住者でまだ移住できずにいる人々には移住費ほかの費用として玄米千二百石、金十七万両を下げわたし、九月までに二度にわけて四万五千石の米も下げわたした。

こうして移住費用と当面の食糧は確保できたと思われたので、山川浩はいったん会津の若松城下へ帰郷。家族と会津に残留していた約二百五十人を率い、六月六日に新潟へ向かった。新潟をまずめざしたのは、チャーター船に乗って海路陸奥湾へ移動するためである。

七隻の政府傭上《やといあ》げ外国船に千七百俵の米を積み込み、これに一同分乗して六月十九日新潟を出港、日本海を北上して斗南に向かった。船中に二夜をあかしたが婦女子は船に酔い、大いに難儀したとのことである。六月二十一日朝陸奥の野辺地《のへじ》に上陸し、それぞれの宿舎に入り、後、田名部《たなぶ》付近の村々に落着いたのは七月の十日頃であった。

（桜井懋《つとむ》『山川浩』）

野辺地とは、現在の青森県上北郡野辺地町のこと。下北半島の基部に位置し、北側には陸奥湾がひろがっている。田名部とは下北郡田名部村のことで、現在は青森県むつ市田名部町となっている。

ところで山川浩が斗南藩権大参事《ごんのだいさんじ》に任命されて藩政を統括するのは明治四年（一八七一）五月からのことだが、それ以前から元家老としてまとめ役になっていた浩は、三年三月の時点で画期的な藩政改革を断行していた。

幕藩体制下においては藩の石高も決まっていたし、藩士たちの家禄にも上下の差があった。甲の家は百石取り、乙の家は三両二人扶持《ぶち》などと。しかるに浩は、斗南藩にあっては収入の差をなくしてしまうことにしたのである。

「一戸につき四人扶持（一人扶持は玄米五合、四人で一日二升、一年で七石二斗＝原注）一日銭四百文」（相田泰三『維新前後の会津の人々』）

というのが、浩の定めた全戸一律の家禄であった。

お断りしておくが、これは山川浩が原始的な共産主義に由来する平等思想の持ち主だったことを示すものではない。

会津藩には、凶作が飢饉を呼んで年貢収入が激減し、出入り商人からの借入金が嵩《かさ》んで二《にっ》進《ち》も三進《さっち》もゆかなくなった時、

「賄扶持《まかないぶち》制度」

と称し、直臣にもその家に仕える陪臣たちにも三年間、一人扶持すなわち一日につき玄米五合、年に一石八斗しか与えない、という非常措置によって財政危機から立ち直ったことがあった（小著『なぜ会津は希代の雄藩になったか　名家老・田中玄宰《はるなか》の挑戦』〈ＰＨＰ新書〉参照）。

一千石取りの身ながら夫婦ふたり暮らしで家来もいなかった春日族《やから》は、二人扶持、すなわち年に三石六斗を得るだけになったことを狂歌に詠んだ。


千石でふたり扶持とはかすかなり　こむ《（ん）》な族《やから》は外《ほか》にあるまじ　（小川渉《わたる》『しぐれ草子』）

これは文化三年（一八〇六）から三年間にわたっておこなわれた制度だから、浩はこのことを知っており、斗南藩の経営が軌道に乗るまではこの制度を応用しようと思ったのであろう。

ただし、各人に一人扶持のみを支給する制度というのは、旧会津藩の発明したものではない。一人扶持とは「これだけあれば人ひとりが食べてゆける米の量」という意味だから、ある大名家が財政危機に瀕した場合、家来たちの俸給を一時的に一人扶持に落とすのはめずらしいことではなかった。

浜田藩松平家が美作へ移った当初、あるいは小倉藩小笠原家が香春《かわら》藩となった時も、藩士ひとりにつき一人扶持しか与えられなかったことは第3章で述べた。

しかし、山川浩以下には大きな誤算があった。公称三万石とは新政府の真っ赤な嘘で、斗南藩領は実質七千五百石程度の荒瘠《こうせき》不毛の大地に過ぎなかった。この七千五百石という石高すら雑穀をかき集めてようやく弾き出せる代物で、灰のように痩せきった土地は稲作に適さず、霜は早く降り雪は春遅くまで溶けもしない。そのため一戸あたり四人扶持の米の支給は、十一月からはひとりにつき玄米三合、と改めざるを得なくなった。

以下少々、拙作『二つの山河』（文春文庫）の表題作から、実は〈鉄条網なき収容所送り〉も同然だった斗南移住の実態を紹介したい。

しかも、住居はひとり二畳の計算で割りふられた廃屋同然のあばら家であった。畳がないので藁《わら》を敷きつめ、その上に筵《むしろ》を延べた。障子はあっても紙がないから解いた米俵をつるして風よけにするしかない浮浪者同様の生活がかれらを待っていたのである。

夜の灯は、焚火と松根油《しょうこんゆ》。氷結した川ではからだを拭くこともできないから、衣服は悪臭を放ち、虱《しらみ》の巣となった。夜ごと凍りつく粥鍋の具は、馬用の大豆、豆腐や山ゴボウ、山椒、ウコギ、コンブ、アカザ、ゼンマイ、アザミ、ヨモギ——会津人は何でも食べると地元民はかれらを嘲笑い、「会津の毛虫《ゲダカ》侍」「会津の鳩《ハド》侍」と蔑んだ。

もっとも精のつく食料は、犬の肉であった。近在の犬が死ぬと、その死骸をもらいうけにゆくのは少年たちの仕事とされた。とにもかくにも生き抜かねばならぬ、会津人の血を

絶やしてはならぬ、と思い切った移住者たちは、

「戦場にありて兵糧なければ、犬猫なりともこれを喰らいて戦うものぞ。ことに今回は賊軍に追われて辺地にきたれるなり。会津の武士どもは餓死して果てたるよと、薩長の下郎どもに笑わるるは、のちの世までの恥辱なり。ここは戦場なるぞ、会津の国辱雪《そそ》ぐまでは戦場なるぞ」

と言い合って犬の肉を口に押しこんだ、と移住者のひとり柴五郎は書いている。

それでも次第にこのような悲惨な生活に耐えかね、元会津藩士の誇りもかなぐり捨てて贋金作り、窃盗などに走る者があらわれた。

それにもまして移住者たちに衝撃を与えたのは、地元商人たちの囲い者になる寡婦や娘が続出したことであった。物珍しさから士族階級の彼女たちを妾とした商人たちは、一時の熱が醒めるとこううそぶいた。

「会津の女子はケツまでしゃっごぐて（冷たくて）刀を抱いて寝《い》ぬるようじゃった」

むろん移住者の中には、面とむかって彼女たちを非難する者もいた。すると囲い者になった女たちは、

「生計《たつき》のためにわが身は売りましても、魂まで売ってはおりませぬ」

と叫んだという。

この記述は、『斗南藩史』や石光真人編著『ある明治人の記録――会津人柴五郎の遺言』を史料として用いてのものであることをお断りしておく。

それにしてもなぜ山川浩たちは、このような不毛の荒野を新領土に選んでしまったのであろう。猪苗代であれば三万石の米収があることは経験的にわかっていたし、磐梯《ばんだい》高原で採れる山菜は会津人の大好物だというのに。

この問題については、広沢安宅『幕末会津志士伝』「広沢安任」の項に解説がある。

> 文久二年（一八六三）幕府露国と国際談判あり、安任は幕府の有司糟屋筑後守《かすやちくごのかみ》（諱《いみな》は義明、箱館奉行＝筆者注）に聘《へい》せられて（招かれて）函館《ママ》に随《ママ》行す。途中、奥州北部を経て大《おお》間《ま》（大間湊）より渡船す。（略）往復の間、安任其《そ》の地勢人情等を視察し得たるを以て維新後藩公の新封地三万石を斗南に求め、之を朝廷に請ひしは安任が此《こ》の時既に探究し置きたるに基《もとづ》けり。

広沢安宅は安任の甥だから、この記述は信頼できる。すなわち山川浩は、広沢安任の意見を受け入れて斗南移住を決断したのである。

しかし、明治三年の山川浩の年齢は二十六歳、広沢安任は四十一歳。浩は「知恵山川」と渾名《あだな》されたほどの秀才だし、安任は昌平坂学問所留学組で、幕末には京都に置かれた会津藩公用局詰めの公用方として、藩外交を受け持っていた。浩が自分より十五歳年長で、実際に奥州北部の視察経験がある安任の意見を尊重したのは、その限りでは誤りではない。

しかし、よりひろい視野に立つならば、ふたりはそろって大きな間違いを犯したためにこそ、〈鉄条網なき収容所送り〉にひとしい斗南移住を選択してしまった、ともいえる。

かれらが移住に先立って旧会津藩領から農業のプロを何人か選び、その者たちに斗南藩領へ出張してもらって農耕用地の地味、期待できる収穫高などの事前調査をさせた気配はまったくない。

夏は波が穏やかで海水浴のできる日本海が冬は怒濤の打ち寄せる危険な海になるように、奥州北部は夏になってからも「山背《やませ》」と呼ばれる冷たい風が太平洋北東部から激しく吹きつけてきて、冷害の原因になることがめずらしくない。

私がこの地を初訪問したのは、昭和四十九年（一九七四）初夏のこと。地元紙の記者に近くの灯台へ車で案内していただいたところ、その記者は駐車場へ車を停めるとドアを開ける前に私にこう助言してくれたものであった。

「外へ出たら、すぐ四つん這いになって下さい。立ったままでいる時に山背が急に吹くと、からだを飛ばされる危険があります」

山川浩や広沢安任たちが、山背と冷害の起こりやすい風土と知った上で斗南移住に踏み切ったとは思えない。これは士族集団の移住であり、入植者たちは畑に野菜の種を播《ま》くにしても、穴を深く掘って厚く土をかぶせないと山背で種が土ごと吹き飛ばされることなど知る由もなかった。

これらの事情にも増して浩たちを愕然とさせたのは、斗南藩領では稲作がまだ成功していないことであった。当時の稲作の北限は、もっと南だったのである。

斗南に来てみると、殆《ほとんど》全部と云ってよい位が森林か、さもなければ牛馬の放牧を主とした未開墾の草原で、耕作地は（略）住民が自給の為に其《その》周囲に作った僅かばかりの田畑だけで、その頃、米は一粒も出来ず、ヒエ、アハ《ワ》、マメなどが主な作物であった。したがって移民の食物は政府からの配給米だけで、それも全部食うわけにはいかず、その中《うち》幾分かは貯えて他の生活必需品と交換しなくてはならなかった。

（『維新前後の会津の人々』）

葛西富夫の労作『会津・斗南藩史』には、

「（浩は）斗南移住後の農業授産に際しては一戸につき三、四十石分に相当する土地を割り当てた」

とある。しかし、これは肥沃な会津盆地や猪苗代、あるいは越後国蒲原《かんばら》郡小出島《こいでじま》の飛地領しか知らない者の根拠なき期待に過ぎなかったのだ。

会津史研究家に山川浩を非難する人はいないが、「知恵山川」もまだ若く、上田《じょうでん》の多い会津藩領とはまったく地味の異なる土地があるとは思い及ばなかったようである。浩は暗澹《あんたん》とし、上京する藩士のひとりに次のような和歌を与えた。

みちのくの斗南いかにと人問はば神代《かみよ》のまゝの国と答えよ（『山川浩』）

「神代のまゝ」とは、まだ鍬《くわ》の入れられたことのない未開の荒野、という意味であろう。

斗南藩庁は初め五戸《ごのへ》に置かれ、明治四年二月に田名部に移された。浩は田名部郊外の妙《みょう》見平《けんだいら》を「斗南ヶ丘」と名づけ、この地に一戸あたり百坪、計百棟以上の家屋を建てて開墾に乗り出すことにした。

「挙藩流罪」の実態は

「自らは朝に藩庁に上り藩務を処理し、夕には鍬《くわ》を手にし糞尿を担い、衆に先だって開墾に従事し、食は多量の昆布に一握りの米を混《まじ》えて炊いた粥《かゆ》を啜《すす》るに過ぎず、一代の辛労けだしこの時より甚だしきものはなかったであろう」

とは、『山川浩』の一節である。

しかし、過酷な肉体労働をつづけながら栄養が不足すれば病魔と死神が近づいてくる。本稿では斗南藩移住者総数を「一万八千人ほど」としたが、『斗南藩史』はこれを「一万七千三百二十七人」とした上で、明治四年六月から十一月までに発生した病人の数を「二千三百七十四人」とし、「斗南藩士家族の一割三分が病人であったことになる」と結論づけている。

さらに同書は『青森県史』第六巻から、

「生者稀にして死者多く有之《これあり》。（死者の）過半は浮腫にあらざれば血液空乏、其《その》容体永く禁獄せらるゝ者の如く、畢竟《ひっきょう》衣食住不全之致す処」（句読点筆者）

という注目すべきくだりを引用し、明治四年九月に政府に報じられた斗南藩に関するデータを左のように書いている。

一万三千二十七人のうち三千三百人ほどは、各所へ出稼ぎ、あるいは離散。
在籍およそ一万四千余のうち老年ならびに疾病の者六千二十七人、幼年の者千六百二十二人、男子壮健の者二千三百七十八人ほど。

一年と少しの間に少なくとも人口が四千三百人減少、それに加えて出稼ぎ人と離散者が三千三百人ほど斗南を去り、老人と疾病者が六千二十七人に達していたとは悪夢そのものである。

旧会津藩士たちの斗南移住は、

「挙藩流罪」

と形容されることがある。たしかに米のまったく穫れない斗南藩を高三万石と称し、その不毛の大地に会津人を移住させて塗炭《とたん》の苦しみを舐めさせたことは、新政府の非情な失政として強く非難されねばならない。

これに対して山川浩は移住者たちの窮状を何とか打開するため、斗南ヶ丘、野辺地、三戸《さんのへ》、五戸に救貧所を設置し、一種の士族授産を推進しようとした。造紙、養蚕、製糸、機織《はたおり》などの家内工業による各戸の経済力の向上を企画したのである。

すると、明治四年七月十四日、廃藩置県の詔書が発布され、斗南藩は斗南県となった。そこから浩や広沢安任たちは、弘前、黒石、七戸《しちのへ》、八戸《はちのへ》、館《たて》の五県との合県《がっけん》運動を始めた。斗南ヶ丘の開墾と救貧所の設置だけでは自主独立にどれほどの歳月が必要かわからないと見て、より豊かな県との合併を望んだのだ。

そして九月、斗南県は浩たちの目論見《もくろみ》通り、上記の五県と合県して弘前県の一部となり、弘前県は青森に県庁所在地を移して青森県となった。

それでは青森県は、旧斗南県をどのように扱ったのであろうか。

同県は斗南ヶ丘の開墾は百パーセント失敗におわると判断し、明治五年（一八七二）十二月一日をもって中止を発令。それでも旧斗南藩士たちに自治の道を見出させるべく、農業で生計を立てようとする者は選考の上で三本木（三沢市周辺）へ移すことにした。

しかしその入植者数は、三百二十八戸、千五百十五人と、斗南への移住者の一割にも満たなかった。

廃藩置県の結果、諸藩の藩知事は東京の旧藩邸に集められ、各県には官選の県知事が派遣されることになった。これによって斗南藩士たちは旧主松平容保・容大父子との地縁的関係を絶たれたため、ならばこんな不毛の大地に貼りついて貧に喘いでいる必要はないと見切って、会津、北海道その他へ流れてゆく者が相ついだのである。

私が会津高校ＯＢの皆さんや知り合いの編集者たちとツアーを組み、旧斗南藩領をまわったのは二十一世紀になってからだが、斗南移住者の子孫を当主とする家は現地にもはや一戸しか存在しなくなっていた。

北海道へ流れた人のうちには、鰊《にしん》漁などで働く出稼ぎ漁師「やん衆」となり、やがて姿を消していった者がめずらしくないともいわれている。

斗南移住組の旧会津藩士の中で、斗南に残留してなおかつ成功者となったのは広沢安任だけであろう。斗南藩少参事として山川浩の片腕だった安任は、斗南県消滅後の四年十月、イギリス人二名を雇って洋式牧場の経営を開始。九年（一八七六）七月、明治天皇が東北地方を巡幸した際には牛百八十頭、馬十九頭を三本木に曳き出して叡覧に供した。

斗南県の消滅後の主要な旧会津藩士たちの動向については、次章で言及しよう。

第7章
明治という「逆光の時代」

佐川官兵衛

会津藩の名将で
渾名は「鬼官兵衛」。
戦後、麹町警察署署長を務め、
西南戦争にも赴く。

斎藤一（藤田五郎）

新選組三番隊組長。
長年会津戦争で戦死したと
思われていたが存命。
藤田の名は松平容保が与えた。

白虎隊士の遺体の発見

戦争や大災害が起こると、死者や行方不明になる者が発生するのは止むを得ない。禁門の変から会津戊辰戦争の終結までに死者三千以上を出した会津藩には、戦いがおわって鶴ヶ城が開城となった明治元年（一八六八）九月二十二日以降、夫や兄弟の遺体を探そうとした藩士の家族たちがいた。

失礼な比較と思われては困るが、この時の会津藩士の家族たちの気持は、平成二十三年（二〇一一）三月十一日に発生した東日本大震災以後の一年間に検死された一万五千七百八十六人の中から、家族を探したいと願った人々の思いとまったくおなじである。

そこで次には、会津藩の町奉行だった日向《ひなた》左衛門の娘で降伏開城の時十八歳だったユキが奇跡的に父と兄新太郎の頭骨を発見したドラマを、ユキ自身の回想によって紹介したい。

戦争の時、父日向左衛門は町奉行でございましたので、町の方に出陣しておりました。（慶応四年）八月二十三日の朝、敵が押し寄せて来ました時、父は乗馬で戦いに出ましたが、馬の足を撃たれたので馬から下りて奮戦している中《うち》に負傷してしまったのでございます。父は、もうこれまでと、近くにある祖母の里の加須屋《かすや》大学の庭に入って、竹やぶの中で切腹いたしました。

それから暫《しばら》くの間に、父は何処《いずこ》で死んだのかわかりませんでしたが、戦《いくさ》が済んで次の年（明治二年）になり、雪がとけてから、わたしが加須屋の家に行って裏の竹やぶに中に入ってみますと、日向の紋の付いた羽二重の着物がクチャクチャになってみつかりました。驚いて棒切れで寄せてみましたら、上顎の骨が出て来たのでございます。よく見てみますと、前の上歯の重なった特徴もありますし、野ばかまの浅黄《あさぎ》ちりめんの紐《ひも》が結んだままになっており、確かに見覚えがございました。そこで直《す》ぐ継母のおります御山に知らせ、同行して見せたら、相違ないということでございました。それに身内の者の血を骨につけると、よく滲《にじ》むという言伝えがありましたので、念の為娘の私が指先を切って血をつけてみましたら、よく滲《し》みこむではございませんか。父の遺骨に相違ないということになりました。（略）これらを大切に拾ってきて、菩提寺の浄光寺の墓地に埋葬いたしました。

＊

兄の日向新太郎は、弱冠二十歳で遊撃隊の中隊頭となり、柳土手の方に向って激しく発砲中、腰を撃たれて立つことができなくなり、尻もちをついて射撃を続けておりました。しかし、次には肩を撃たれて発砲もできなくなりましたので、部下に介錯を命じたそうでございます。部下の者は、敵軍も間近に迫って参りましたので、止むなく介錯いたしました。そして兄の首の髪をくわえて刈り残した稲田の中に首を隠し、このことを村の者に託して、その場を逃れたと申します。ところが後に犬がそれを見つけてくわえてきましたので、村人は処置に困って、これを近くの小川に流してしまったというのでございます。

部下の者たちが、この一部始終を継母たちに告げましたので、探しに行って見つけて参り、浄光寺に父の墓と並べて葬りました。父と兄の二人を続けて失いまして、それは悲しいことでございました。

（『万年青《おもと》』、宮崎十三八《とみはち》編『会津戊辰戦争史料集』）


日向ユキはその後、斗南藩の野辺地に移住。やがて函館へわたり、札幌の北海道開拓使の役人内藤家に嫁ぎ、回想録「万年青」を残して昭和十九年（一九四四）まで生きた。享年九十四。

この日向ユキとは別に、会津藩士の遺体の発見と埋葬に尽力した人は多いが、本稿では若松北東、飯盛山《いいもりやま》の西麓牛墓村《うしがはか》（現、会津若松市一箕町《いっきまち》八幡牛ヶ墓）の肝煎《きもいり》だった吉田伊惣治《いそうじ》の行動を見ておきたい。

まだ会津藩が鶴ヶ城への籠城戦を続行していた明治元年九月二十二日以前、当時五十一歳だった伊惣治は戦火を避けて山奥に避難していたが、会津藩の降伏開城を知るや、まもなく帰宅。

「飯盛山に白虎隊士の屍体散在して風雨に晒され、空しく山鴉《さんあ》野犬《やけん》の飢腹《きふく》を飽かしむるの惨状」（『会津藩戊辰戦史』）を目撃したのであった。

このことについて村人三、四人と相談した伊惣治は、まず「数個の屍体」を収容・納棺して妙国寺と飯盛山に葬った。何体かしか発見できなかったのは、降雪に埋まっていた亡骸《なきがら》が多かったためと考えられている。

またこれは十月二十二日以降のことだったと私は見ている（小著『増補決定版　白虎隊』〈PHP文庫〉参照）。ところがこの行為は、親政府軍の一員として若松の占領行政を担当していた下野黒羽《しもつけくろばね》藩兵の怒りを買い、伊惣治は投獄されてしまった。新政府軍は、賊徒として討たれた者の遺体の収容を禁止する、という非情な方針を立てていたのである。

これを聞いて胸を痛めたのが、すでに前章に名前の出た町野主水《もんど》であった。新政府の民政局に若松城下の事情を伝えるべく民政局取締という役職についていた町野主水ら二十人は、獄舎の伊惣治から飯盛山のことを聞き、民政局の監察方兼断獄に掛け合ってかれを釈放してやった。

しかしこの時、六名いる監察方断獄のひとりで越前藩の下級武士だった久保村文四郎は、非道な条件を出した。伊惣治には、葬った遺体をすべて元の場所に投棄させる、というのだ。

町野主水たちはわが耳を疑ったであろうが、久保村の命令には従わざるを得なかった。主水たちは城外に朽ちつつある全会津藩士の遺体を収容し、供養塔を建立することを悲願としていたから、ここで新政府の軍務局と民政局の機嫌をそこねてはならなかった。

そのうちに、飯盛山で一斉に自刃したのは十六歳、十七歳の隊士から成る白虎士中二番隊の十六人だ、喉を突いたのに息を吹き返した物頭《ものがしら》飯沼時衛《ときえ》のせがれ貞吉《さだきち》が述懐した、という話も伝わってきた（のちに自刃者は十九士とされる）。

年が改まって明治二年（一八六九）となったころから主水たちは新政府の軍務局への陳情を始め、二月下旬に遺体の収容許可を取り付けた。だが、軍務局は酷薄きわまる条件をつけた。集めた屍体は、鶴ヶ城の東南の小田山の下と薬師堂河原にある罪人塚にしか葬ってはならない、というのだ。

罪人塚とは死罪となった科人《とがにん》の埋葬地ということだから、旧会津藩戦死者たちの墓所にはしにくい。激怒する民政局取締が続出する中で、主水たちは軍務局長官の三宮義胤《さんのみやよしたね》に嘆願をつづけた。近江の真宗の寺、正源寺の住職のせがれである三宮は、戦死者たちは丁寧に葬ってやりたい、という主水たちの願いを理解する慈悲の心を有していた。

すると三宮は、飯盛山で発見された白虎隊士の遺体に限って埋葬を許すという。そこで主水たちがなけなしの金を出し合って飯盛山に建立した合葬墓こそが、今日では十九士各人の墓標が建てられている白虎隊墳墓の原形にほかならない。

さらに三宮は旧会津藩士の亡骸《なきがら》を罪人塚に葬ることを非とし、城下の阿弥陀寺《あみだじ》と長命寺《ちょうめいじ》を墓所に指定し直してくれた。この二ヵ所への埋葬が始まったのは明治二年二月十四日からのことであり、鶴ヶ城開城からほぼ五ヵ月が経っていた。

戦争や災害で大量の死者が出た場合、残された者たちの心は遺骨の収集、埋葬、慰霊へと向かうのである。

越後街口の七日町《なぬかまち》にある浄土宗の阿弥陀寺は、境内地六百五十一坪。墓所としては、東西四間（七・三メートル）余り、南北十二間（二一・八メートル）、四十八坪強の深い穴が掘り抜かれた。

その南隣り、西名子屋町《にしなごやまち》に約二千八百坪の寺域を有する浄土真宗の長命寺は、土塀の外側に一間幅の堀をうがった大寺院である。こちらには東西一間半、南北三間、すなわち約四坪半の墓穴が三つ並べて掘られた。

しかし、これらの墓所へすべての旧会津藩士の遺体を搬入するのは、容易なことではなかった。郡山《こおりやま》や白河方面、日光方面、越後方面からの搬入には時間と手間がかかるし、大八車や荷車は戦争中に焼かれたり掠奪されたりしていて、数が絶対的に足りない。やむなく遺体を菰《こも》に包んでかついだり、叺《かます》（筵《むしろ》を二つ折りにした袋状のもの）に入れたり、こわれかけた長持や釣台、戸棚に納めたりして人力で運ぶしかなかった。捨てられていた戸板を利用したり、風呂桶や木箱に納めて運ばれたりする光景もめずらしいことではなかった。

しかも、これらをそのまま墓穴に入れてゆくとすぐに一杯になってしまうから、腐敗の進行しつつある遺体をいったん取り出し、墓穴の中に何段にも並べてゆく必要があった。この作業で労賃を得ようと集まってきた屍体処理業者がいたが、この人々に任せると、自然扱い方が手荒くなる。

「ならば、拙者があの業者たちの仲間入りする」

といったのは、民政局取締のひとり伴百悦《ばんひゃくえつ》、四十二歳。おなじく武田源蔵も行動をともにし、ふたりは業者たちに交渉してまず労賃総額をたずねた。

すると業者たちは足元を見て一千両と吹っ掛けてきた。ない袖は振れない、と主水たちは茫然とした。すると、西名子屋町の酒造業者星《ほし》定右衛門《じょうえもん》がその一千両を出してくれるという。これで問題は一気に解決することができた。

阿弥陀寺に埋葬されたのは、千二百八十一柱。墓穴に納まりきれず地上に盛り上ってしまったので地上四尺（一メートル二一センチ）の長方形の壇を造成し、質素な竹垣で囲った。長命寺には百四十五柱が葬られ、この二ヵ所をふくむ六十四ヵ所に葬られた人数を合わせると三千十四人に上った（財団法人会津弔霊義会『戊辰殉難追悼録』）。のちに旧会津藩領に属さない土地で亡くなった人や新選組ほかの友軍の遺体も合祀したため、総数は「七千有余程」（同）に達した。

ところで昨平成二十九年（二〇一七）、会津若松市の郷土史家野口信一氏が「戦死屍《せんしし》取始末《かばねとりしまつ》金銭入用帳」（筆者不明）という史料を発見され、その記述に基づいて「会津藩士の遺体は、（開城間もない十月中に）すべてではないがきちんと埋葬されていた」と主張されて、記者会見までおこなった。この〈新発見〉を根拠として、新政府軍が降伏開城後、旧会津藩士の埋葬禁止令を出したというのは嘘だったのだ、と便乗気味に主張する人もあらわれた。

「この新説をどう思いますか」

と私は会津会（旧会津藩士の子孫たちや会津を好きな人々の集まり）の皆さんや新聞各紙の会津若松支社の記者たちに問われることが相ついだので、否定的な見解を述べておいた。そこで、ここではより踏み込んだ感想を書いておく。

戊辰戦死者合祀に関する新説への疑義

第一。インターネットなどで要約・紹介されている野口信一氏の説によると、開城降伏時に若松城下の郭内《かくない》（武家屋敷街）、その外回りの郭外《かくがい》（町人街）にあった五百六十七柱の遺体は、明治元年十月三日から十七日までに四人の会津藩士ほかの手で付近の寺や墓地に埋葬されたのだという。そして野口氏は、

「伝染病の発生など衛生面を考えても、半年間、遺体が放置されていたというのはあり得ない」

ともコメントしている。

野口氏は会津若松市立会津図書館の元館長で、会津若松市史の編纂にも携わった方であり、私もお世話になったことがある。しかし、野口氏の発見された史料に記された遺体数は五百六十七柱。阿弥陀寺、長命寺など六十四ヵ所に葬られた三千十四柱を総数とすると、これは十八・八パーセントに過ぎない。その十八・八パーセントをもって「会津藩士の遺体は、すべてではないがきちんと埋葬されていた」とかなり断定的に述べてよいのであろうか。

第二。右十八・八パーセントの遺体は六十四ヵ所の寺や墓に葬られたという。三千十四柱が葬られたのも六十四ヵ所であり、この六十四という数字の一致は偶然とは考えにくい。五百六十七柱の遺体は「きちんと埋葬されていた」のではなく、浅く掘った窪みに埋めるという「仮埋葬」状態だったので、やがて腐敗臭が漂ったり鴉や野犬が集まってきたりした。そこで明治二年二月から阿弥陀寺、長命寺など六十四ヵ所への埋葬・改葬が始まり、この五百六十七柱もそのいずれかへ改葬された。そのことが後日「戦死屍取始末　金銭入用帳」に記入されたので、六十四ヵ所という数がこちらにも出てくる、という可能性はないのだろうか。

第三。三千十四柱の遺体は明治二年の雪解《ゆきげ》時まで野晒しになっていたものと、仮埋葬されてはいたが改葬が必要と見られていた遺体とを合わせた数字と考えるべきである。

仮埋葬について付言すると、武士たる者は出陣に当たっては衣装の襟などに三、四両あるいは五、六両の金を縫いつけておくのが嗜《たしな》みとされていた。自分が討死したのを発見した者は、その金を埋葬費用ないし手間賃として取ってよいから野辺の送りをよろしく、という意味合いである。当時の農・工・商の身分の者たちは武士たちのその慣習をよく知っていて、戦死者を発見すると金を頂いた上で遺体の仮埋葬を心掛けたのだ。

第四。「伝染病の発生など衛生面を考えても、半年間、遺体が放置されていたというのはあり得ない」というコメントにも私は同意できない。

江戸時代の葬制は土葬が主で、会津藩では初代藩主保科正之の時代から火葬は禁止されていた。ただし伝染病による死者の埋葬は例外であり、たとえば天然痘（疱瘡）による死者の遺体は火葬されねばならなかった。幕末の孝明天皇が火葬されたのも、死因が天然痘とみなされたためである。

しかし、幕末維新の時代の日本人に衛生がいいか悪いかという感覚はまだまったく身についていなかった。衛生ということばが日本語に馴染むのは、明治初期に英語ハイジオロジー（hygiology）の訳語に「衛生」が宛てられ、明治九年（一八七六）、内務省に国民の病気予防のための「衛生局」が置かれてからのこと。戦国時代から戊辰戦争の時代まで日本に「衛生兵」などは存在せず、戦傷者はその傷の腐乱や鉄砲の弾丸に使われる鉛の毒、破傷風などによって苦しみながら死ぬ可能性が高かった。自刃や介錯といった行為がよしとされた理由のひとつも、ここにある。「伝染病の発生など衛生面を考えても、半年間、放置されていたというのはあり得ない」というコメントこそ「あり得ない」。

江戸時代、小塚原《こづかっぱら》と鈴ヶ森《すずがもり》の仕置場《しおきば》で刑死した者の遺体は投棄するか刀と槍の試斬に用いられるかで、埋葬はされなかった（引き取り希望者があれば、わたす場合もあった）。

おなじように新政府軍は鳥羽伏見における旧幕府軍戦死者の遺体をそのまま放置したので、義侠心を発揮して会津藩士の遺体を金戒光明寺《こんかいこうみょうじ》の京都会津墓地に埋葬したのが、侠客「会津の小鉄」こと上坂仙吉である。また、明治元年九月十八日、江戸湾から脱走して北航しようとした旧幕府海軍所属の「咸臨丸《かんりんまる》」が房総沖で破船。駿河湾の清水湊に入港して新政府軍に迎撃され、その死者たちが逆賊として放置された際に遺体を収容したのは清水次郎長であった。

新政府軍は旧幕府とおなじく刑死者たちを埋葬などしない、という感覚に染まっていたため、会津入りしてからも会津藩士の死体を逆賊とみなして埋葬を認めないという方針をとった。ゆえに明治元年から二年にかけての冬期に、遺体は雪に埋もれていた。だが雪解けとともに地表にあらわれた遺体が腐臭を放つので、大町の商店街からも、

「臭くて商売にならない」

との声が起こった、とする記録もある（伝染病が発生した、とする史料はこれまで私の目に入っていない）。そのような無残な事態を知ったこともあって町野主水たちが遺体収容に動きはじめた、という順序だから、どうも野口説は事の半面、いや十八・八パーセントしか見ていないように感じられてならない。

「束松《たばねまつ》事件」の発生

しかも、町野主水ら民政局取締たちが改葬の一段落した時点で阿弥陀寺の巨大な壇の上に「殉難之霊」と墨書した墓標と拝殿を造らせると、民政局監察方兼断獄の久保村文四郎がこれに気づき、非情に命じた。

「なに、『殉難之霊』だと。貴様ら賊徒は賊徒たるがゆえに討たれたのであって、難に殉じた者ではない。その墓標と拝殿は、ただちに破却せい」（小著『その名は町野主水』〈角川文庫〉参照）

久保村から連絡が行ったのだろう、新政府軍務局からも墓標と拝殿の撤去を通告してきたので、主水たちは壇近くに建てた高さ七尺（二・一メートル）の「弔死標」の前で、三月八、九日の両日にようやく大施餓鬼《おおせがき》をおこなうことができた。七月五日から三日間、阿弥陀寺では旧藩士主催による八宗大施餓鬼供養もおこなわれ、主水たちはようやく荷を下ろした思いに浸ったのであった。

そして久保村文四郎も民政局・軍務局が廃されて若松県が誕生するため、任果てて越前福井へ越後経由で帰国することになった。越後街道は若松から三里先の坂下《ばんげ》（現、福島県河沼郡会津坂下）で束松峠《たばねまつ》（標高四二〇メートル）の狭い山道に変わる。

七月十二日午後、この束松峠を越えようと若松から駕籠でやってきた久保村は、待ち受けていた旧会津藩士四人に襲われておわった。これが「束松事件」であり、隠忍自重をつづけてきた旧会津藩士の一部が非道な占領行政を平然とおこなってきた者に逆襲を加えた最初のケースとなった。

この犯行を考えた首謀者は、高津仲三郎《ちゅうざぶろう》と伴百悦。誘われて同志となったのが、井深元治《いぶかもとはる》、中根米七《よねしち》その他。高津は「今本多」――生涯不敵だった徳川四天王のひとり本多平八郎の再来といわれた槍の達人であり、伴百悦もある時悟達して剣の達人となったことから「釈迦」と渾名《あだな》されていた男だった。

高津らは忽然と姿を消したが、新政府の役人を斬った以上は逃亡国事犯である。かれらは追手を気にしながら姓名を偽って各地を流浪する、という暗い後半生を生きてゆかねばならなかった。

この束松事件は、考えようによっては仙台藩士、福島藩士らによる世良修蔵殺害事件の再現である（第4章参照）。ふたつの事件はともに、勝者の横暴に堪えてきた敗者が赤穂浪士たちの討ち入りのごとく、ある時怒りを爆発させた、という構図を持っている。

さらにいうと、野口説を認めるならばなぜ東松事件が起こったか説明しにくい、ということになる。

そしてこのような敗者の怒りが明治という国家に向けられた場合は、国家転覆の陰謀という形態を取る。こういうことも高校の日本史レベルでは教えられていない現状なので、本稿では明治初期に企てられたふたつの国家転覆計画も見ておくことにしよう。

雲井竜雄と「帰順部曲《きじゅんぶきょく》点検所」

米沢藩士雲井竜雄《くもいたつお》は、戊辰の年二十五歳。鳥羽伏見の戦いによって官軍の美名を確立した薩長が政権を「横取り」したことに憤激し、奥州諸藩をもってこれに対抗させることを考えついた反逆児である。

第5章に登場した人見勝太郎《ひとみかつたろう》は雲井竜雄の理解者であり、人見が江戸開城直後に旧幕府脱走遊撃隊の隊長として箱根の関所の占拠に動いていた慶応四年五月、山中宿でばったり顔を合わせたことがある。人見の回想録にあるその時のやりとりをかつて現代語訳したことがあるので、それを再掲することによって竜雄の考え方を頭に入れておこう。

なお、引用文にある「貢士《こうし》」とは、明治初年、諸藩主に推挙されて公議に参与した者たちのことである。

山中村にて小憩し、このとき米沢藩士雲井竜雄に初めて会った。かれ曰く「私は藩命にて今般貢士に挙げられ京に上り、太政官にて大官諸員に接し、鳥羽・伏見戦争の実況を審査したところ、戦争はまったく薩長の権謀術数からはじまったもので、発砲して戦端を開いたのはかれらだとわかった。薩長は天子を擁して軍を挙げ、徳川家と会津藩、桑名藩を冤罪に陥れて天下を欺こうとする奸賊だと確信できたのです。よって私は太政官に唾して京を去り、昼夜兼行して主君に事情を伝え、奥州諸藩に檄を飛ばして同盟を結ばせて会津藩領を包囲している薩長の二賊を討伐したいと思います（以下略）」。

（小著『幕末「遊撃隊」隊長人見勝太郎』）

雲井の仕える米沢藩上杉家と仙台藩伊達家が主唱して奥羽越列藩同盟を結成したことは前述したが、諸藩にこの同盟への参加を呼びかけた雲井の檄文は、

「討薩檄《とうさつのげき》」

という。ここで「薩賊《さつぞく》」を討つべき理由は次の諸点とされている。

井伊・藤堂・榊原《さかきばら》・本多等は徳川の勲臣なり。臣をしてその君を伐《う》たしむ。尾張・越前は徳川の親族なり。族をしてその宗《そう》を伐たしむ。因州（因幡《いなば》鳥取藩主池田慶徳《よしのり》）は前内府《さきのないふ》（前内大臣徳川慶喜《よしのぶ》）の兄なり。兄をして弟を伐たしむ。（略）嗚呼《ああ》、薩賊。五倫《ごりん》（人倫）を滅《めっ》し、三綱《さんこう》（君臣・父子・夫婦の道）を破り（略）その罪、何ぞ問わざるを得んや。

（安藤英夫『新稿　雲井竜雄全伝』）

薩長土肥の四藩主体の新政府軍が戊辰戦争の東軍を賊徒、朝敵と呼んだのに対し、東軍は西軍を官軍と詐称する賊徒とみなし、「官賊」「奸賊」と呼んでいた。そこから「長賊」「薩賊」という表現も生まれ、雲井は西軍を賊とみなすゆえんを五倫三綱という道徳律を守らなかった罪に求めたのだ。

戊辰戦争が東軍の敗北におわると、明治二年、雲井は東京に出て集議院（太政官制度下の議政機関）の寄宿生となった。だが、まもなく退院を命じられたので、芝二本榎の上行寺と円真寺に「帰順部曲点検所《きじゅんぶきょく》」という看板を出した。「部曲」とは兵士のことだから、「帰順部曲」といえば、元東軍兵士を意味する。雲井はそれら生活に困っている元兵士を救済するという名目でこの看板を掲げ、集まった者たちを同志として政府転覆と幕府再興の大陰謀をなしとげようと、由井正雪《ゆいしょうせつ》のようなことを考えたのだった。

しかし、明治三年四月に事が露見して雲井は逮捕され、十二月に梟首《きょうしゅ》された。享年二十七。

雲井の同志には斗南藩士原直鉄《はらなおてつ》もふくまれており、日光・今市方面で金策中に捕われた直鉄も同時に斬に処された。享年二十三。

会津藩家老西郷頼母《たのも》の次男に生まれ、同藩の山田家を継いでいた陽次郎は直鉄とともに捕われて十年の流刑とされ、北海道へ送られて明治六年（一八七三）に獄死した。享年三十三。

ある国に大戦争が起こってそれ以前の政権担当者が敗者となり、新政権が樹立されると、以前の政権担当者のうちの生存者やそれに近い人々の新政府への対応はおよそ三種類にわかれるようだ。
（一）は新政権を憎み、暴発してでも元の政権を再興しようとするグループ。（二）は新政権には距離を置くものの、政権打倒までは考えない中間派的なグループ。（三）は積極的に新政権を支持するグループ。雲井竜雄や原直鉄は、もちろん（一）の代表的存在である。
束松事件を起こした高津仲三郎らは雲井竜雄グループと交わってはいなかったが、雲井たちの捕縛から二ヵ月後の明治三年六月二十二日、新津（現、新潟市秋葉区）の郊外、大安寺村の慶雲院に潜んでいた伴百悦は村松藩の捕吏《ほり》に踏みこまれようとし、板戸越しにひとりを刺して自刃した。享年五十四。

斗南藩改め斗南県が青森県に合県《がっけん》されたのはその翌年、という順序だが、各地に離散しつつあった斗南藩入植者たちに対し、新政府はさらにその二年後にようやく手を差しのべた。

「元斗南県貫属士族卒等処分方」

という法律を明治六年三月に作り、他県への送籍を望む旧斗南藩士にはひとりにつき米二俵、金二円、一戸あたりの資本金十円を転業資金として与えることにしたのだ。

これを受けて、八百五十四家族が懐かしい若松県をめざした。

ところがこれよりやゝ旦い同年二月五日、東京・小塚原の仕置場の一角に投じられた遺体があった。東松事件の当事者のひとりで、すでに捕縛されていた井深元治が獄死し、亡骸が捨てられたのである。

井深元治は伴百悦の死後に起こった誤伝が元となって捕われたとする小伝があるので、これを見ておこう。

（久保村文四郎の斬殺後）姓名を神山大八と改め、国を去って諸国を遍歴し、九州から帰る途中大阪にいたり、淀藩の留守役からその子弟の教育を依頼された。（略）元治はこれに従った。たま〳〵さきの文四郎殺害の主謀者《ママ》（伴百悦＝筆者注）はすでに刑せられ、政府は他の犯人を索《もと》めない、という友人からの報に接し、元治は大《おおい》に喜び、これから公然世に出て、働かんとし、（略）友人日下《くさか》義雄の紹介で時の大官井上馨の助けで横浜の高島嘉右衛門《えもん》の高島学校に入り、一意勉強をつゞけた。ところが元治の旧罪を密告する者が出て、元治は捕えられて、東京の獄へ送られた。裁判官玉乃世履《たまのせいり》の訊問に対し、元治は事の次第を少しも隠すところなく陳述したので、世履は歎じて（略）、「嗚呼《ああ》何ぞ、会津に志士の多いことよ」と、いったという。かくして、元治は獄中で死んだ。（略）同所の回向院に戒名を留め、「善応居士」と諡《おくりな》され、年は二十五歳であった。（『維新前後の会津の人々』）

「知恵山川、鬼佐川」の出仕

こうして暴発した者たちが滅びの道をたどったのに対し、先に（二）とした「新政権には距離を置くものの、政権打倒までは考えない中間派的なグループ」からは、ふたりの元会津藩家老が相ついで新政府に出仕することになった。青森県を依願退職して東京へ出た山川浩と斗南から会津へ帰っていた佐川官兵衛《さがわかんべえ》である。

山川家は聡明な者の多い家系で、浩もまだ大蔵《おおくら》と名乗って日光口を守備していた慶応四年の籠城戦の開始以前から、巧みな指揮ぶりで新政府軍に名を知られるようになっていた。日光口から会津西街道を経て若松城下に迫ろうとした新政府軍の主力は土佐兵であり、その大軍監は谷干城《たてき》。

ある時、谷は東軍の捕虜加藤鱗三郎《りんざぶろう》に対し、気になっていたことをたずねた。

「近頃会津方が大層よく戦ふが、其の隊の大将は誰であるか」（諏訪常次郎「山川浩将軍と谷干城将軍」)
　加藤は、答えた。
「大鳥（圭介）総督と幕兵許《ばか》りではいかぬから、会津から山川大蔵と申す大将が副総督となつて来て居るのである」（同）
　その後、土佐藩小参事を経て陸軍入りした谷干城は、明治五年（一八七二）のうちに少将に昇進。浅草永住町の観蔵院に家族五人、書生五人以上と貧乏暮しをしていた浩を訪ね、こう口説いた。
「何時迄《いつまで》浪人して居るよりも明治政府に勤めて国家の為に尽くしてはどうか」（同）
　この誘いを受けて、浩が陸軍省八等出仕となったのは明治六年三月十七日のこと。同年四月に谷が熊本鎮台司令長官に任じられると、十二月に浩も同鎮台在勤を命じられ、二十九歳にして陸軍少佐の辞令を受けた。
　佐川官兵衛は浩より十四歳年上で、幕末に京都詰めだった時代には学校奉行、弓馬刀槍四芸のうち少なくとも二芸に長じた藩士たちから成る別選組の隊長その他を兼務。鳥羽伏見の戦いでは最前線で敢闘し、「鬼官兵衛」の異名を取った。越後口戊辰戦争が起こると、朱雀《すざく》四番士中隊を率いて長岡藩と共闘し、「佐幕派強い者番付」には、
「第一桑名、二佐川、次之者衝鋒隊」（中村武夫『泣血録』）
と記録された。

松平容保はそのみごとな采配ぶりを知って官兵衛を会津へ呼び返し、鶴ヶ城への籠城を開始する前に家老に登用。籠城開始後の慶応四年八月二十九日には、精兵《せいびょう》一千を率いての一大突出戦をおこなわせた。その後、城外部隊を指揮した官兵衛は会津藩に籠城後初めての一方的勝利をもたらすなど気を吐いたものの、容保から降伏するとの決断を伝えられて天を仰いだ。

会津藩士をもっとも多く死なしめたのは自分だ、と考えた官兵衛は、斗南移住に同行しても公職にはいっさい就かず、若松へ帰国してからは生き残った子弟たちに剣を教えた。

ところが明治六年十月二十四日、すなわち山川浩が熊本鎮台へ赴任する二ヵ月前に征韓論が破裂し、西郷隆盛は参議と近衛都督（近衛兵の統括職）を辞任。十一月には、鹿児島へ帰国した。これに同調する副島種臣《そえじまたねおみ》、後藤象二郎、板垣退助、江藤新平の五参議も一斉に下野したため、明治新政府は誕生六年目に早くも分裂の危機に直面したのである。

薩摩出身者からは、桐野利秋、篠原国幹《くにもと》の両陸軍少将をはじめ六百有余が軍隊と役所の職を放棄して帰国。邏卒（ポリス）総数四千のうちの二千以上が薩摩藩出身者だった東京警視庁からも、これに同調する者が相ついだ。そのため、やはり薩摩出身の川路利良警視長はその欠員を補うためだけではなく定員を六千に改めて全国規模の巡査の大募集をおこなうことにした。

川路には鶴ヶ城の包囲戦に加わった戦歴があり、一大突出戦をこころみた佐川官兵衛とその配下の強悍さは強く印象に残っている。その官兵衛たちが斗南開拓の夢破れて若松へ帰っていると聞いた川路は、若松警察に連絡して旧会津藩士たちの大量採用を図った。

初め官兵衛は出家して戦死者たちの供養をしようと考えていたため、この話に乗ろうとしなかった。だが、三百人の旧会津藩士たちから、

「佐川さんが一緒に行ってくれるなら、われらも職を得たい」

と口説かれて、官兵衛は明治七年（一八七四）三月十五日に九等出仕、本庁勤務と決まり、六千人中二十位のランクの大警部に就任。三百人の同行者たちは前後して巡査等に採用され、六区九十六小区の各分署に散っていった。

この時の官兵衛の月給は五十円。物価は白米十キロ四十銭、清酒一升四銭、味噌一キロ三銭、小住宅の家賃七銭という水準であり、最下級の四等巡査の月給が六円だから、官兵衛はかなりの高給を確保したことになる。

会津戊辰戦争における籠城戦開始前、そろって家老に登用された山川浩と官兵衛は、

「知恵山川、鬼佐川」

と並び称された。そのふたりがそろって公職に就いたわけだが、気になるのは牛込《うしごめ》の市谷《いちがや》富久町《とみひさ》百十八番地に暮らす旧主松平容保の暮らし向きであった。側室ふたり、義姉照姫《てるひめ》を養うほか藩政時代とおなじように数多くの家臣を使っているため、松平家は貧に喘いでいた。

そこで官兵衛たちは、毎月の月給から決まった額を割いて旧主に届けることにした。この

ように職とそれなりの収入を得た旧家臣たちが寸志を持ち寄って旧主を助けた点が、明治初期の旧会津藩士族たちの特徴である。

また、官兵衛の後を追うように上京して警視庁巡査となった旧会津藩関係者として、元新選組の三番隊組長斎藤一《はじめ》の名を挙げることができる。

江戸無血開城当日、土方歳三《ひじかたとしぞう》らとともに江戸を脱走した斎藤は、宇都宮城の争奪戦で土方が足に全治三ヵ月の重傷を負った後はともに会津入りし、新選組の隊長をつとめた。慶応四年四月、奥州街道を白河へ北上してくる新政府軍に何度もゲリラ戦を挑んだ新選組は山口次郎と変名した斎藤一に指揮されていたのである。

その後、負傷癒えた土方がふたたび新選組隊長に復帰して出撃戦を展開するうち、新選組は二派にわかれた。

「会津藩はもう駄目だから仙台へ北上して仙台藩伊達家とともに戦おう」

という土方派と、

「長年世話になった会津藩と生死をともにする」

と誓った斎藤派とに。

土方派が仙台へ去ったあと、斎藤派の約二十人は関ヶ原の戦いの直前まで会津の領主だった上杉景勝《かげかつ》が家老の直江兼続《なおえかねつぐ》に造営させた神指城《こうざし》の跡地の如来堂《にょらいどう》村に滞陣。この方面を守っていた九月五日に新政府軍と交戦し、ほぼ壊滅してしまった。

斎藤一も長い間この戦いに散ったものと思われていたのだが、そうではなかった。会津藩の降伏開城の日まで信念通りに行動していた斎藤は、一戸《いちのへ》伝八（最近の研究では一瀬《いちのせ》伝八とも）と称して斗南移住にも参加。上京して巡査になると、まもなく元会津藩大目付《おおめつけ》高木小十郎の娘時尾《ときお》を妻に迎えた。挙式の本仲人は松平容保、下仲人は佐川官兵衛と山川浩であり、容保は斎藤に「藤田五郎」という名を与えた。

斎藤が長い間戦死したものと思われてきたのは、改名を繰り返したことも原因のひとつのようだ。

萩の乱と思案橋事件

征韓論の破裂が引き起こした社会不安は、明治七年から十年（一八七七）にかけて「不平士族の乱」と総称される内乱を各地に誘発した。

七年二月一日、佐賀の乱（三月一日に鎮圧。四月十三日、首謀者江藤新平処刑）

九年十月二十四日、神風連《じんぷうれん》の乱。二十七日、秋月の乱。二十八日、萩の乱（首謀者前原《まえばら》

一誠《いっせい》は十一月五日捕縛され、十二月三日斬首)。二十九日、思案橋事件。
十年二月十五日、西南戦争勃発。

佐賀の乱鎮圧には、熊本鎮台勤務の山川浩少佐も出動を命じられた。かつて越後長岡藩家老河井継之助《つぎのすけ》の談判を一方的に打ち切った岩村精一郎改め高俊《たかとし》が佐賀県権令《ごんれい》(副知事)となっており、谷干城熊本鎮台司令長官に出兵を依頼してきたためである。

しかし、浩が左半大隊三百三十二名を率いて佐賀県庁の置かれた佐賀城へ入ると、四千五百以上の不平士族が大砲二門を引いてあらわれ、城を囲んでしまった。

右半大隊の到着が遅れ、兵糧とスナイドル銃の弾丸の不足に悩まされた浩は二月十八日早朝に決死の突出戦を敢行。豊津藩出身の奥保鞏《おくやすかた》大尉が胸部貫通銃創を受けて昏倒、自分も左肘上部の貫通銃創によって骨を砕かれるという重傷を負ったものの、かろうじて突出戦を成功させることができた。四月五日、浩が陸軍中佐に昇進したのは佐賀の乱鎮定に果たした功を認められたのであった。

ちなみに態度がいつも高慢なため佐賀人に憎まれていた岩村高俊は浩に同行して佐賀県庁に入り、突出戦の際には部隊のまん中にいて兵たちに守られていた。かれが、かつて長岡藩と同盟関係にあった会津藩の元家老に命を助けられたとは皮肉である。

また、奇跡的に命を助かった奥保鞏は、明治二十八年男爵、三十六年陸軍大将、日露戦争には第二軍司令官になり、その後参謀総長に任じられ、四十年に伯爵、四十四年に元帥となった。長州閥が幅を利かせていた陸軍にあって、長州藩にしてやられた元小倉藩の藩士がここまで出世したとは運が強い。

つづいて萩の乱について見ると、その首謀者前原一誠は会津藩の降伏開城の日には会津征討越後口参謀として若松入りしており、浩から城内の武器弾薬のすべてを受け取る役をつとめた。その後、一誠が越後府判事として水原《すいばら》へ去ることになると、負け藩の家老として何ひとつ餞《はなむけ》に贈るべきもののない浩は、鶴ヶ城の大書院の間に飾られていた「泰西王侯騎馬図屏風」の四周を小柄《こづか》で切り抜いて一誠に与えた。この名画は巡り巡って、今はサントリー美術館蔵となっている。

また、会津藩公用方のひとりとして薩会同盟の成立に尽した秋月悌次郎《ていじろう》は、藩校日新館から昌平坂学問所への留学を許された秀才中の秀才で、昌平坂学問所では「日本一の学生《がくしょう》」と呼ばれたほど。安政三年（一八五六）卒業にあたって西国筋をまわった悌次郎は、長州藩を訪ねた際に奥平謙輔という若者から詩文の添削を求められ、懇切に応じてやった経験があった。

この奥平は前原一誠の古い友人であり、かれもまた新政府軍の参謀として若松入りすると、開城降伏式をおえて猪苗代の謹慎所に移っていた悌次郎に手紙をよこした。

そのころにはまだ「会津藩士は全員殺される」という噂もあったため、悌次郎は何とかして最優秀な少年ふたりだけは生かしたいと考え、奥平謙輔に頼まれてくれないか、と手紙で頼みこんだ。謙輔がこれを承諾したのを受けて、悌次郎の選んだ少年は山川浩の弟の健次郎十五歳と小川亮十七歳。

悌次郎は、衛兵に見咎められたら斬られても止むを得ない猪苗代の謹慎所から山川健次郎をつれて脱出。途中、塩川（若松北部）の謹慎所から小川亮をつれ出し、水原に移っていた謙輔に託すことに成功した。

謙輔の世話を受けて勉学をつづけた二少年は、明治二年八月には越後府権判事《ごんのはんじ》を辞任した謙輔につれられて、深川万年橋北側の長州藩邸に到着。邸内の長屋を住居とし、新政府参議となっていた前原一誠の書生をつとめた。太政官政府の参議は右大臣（三条実美《さねとみ》）、大納言（岩倉具視、徳大寺実則《さねつね》）に次ぐ重職である。

なお、軍事をつかさどる兵部省《ひょうぶしょう》のトップ兵部大輔《たいふ》は長州の大村益次郎《ますじろう》であったが、二年九月中に大村が刺客に襲われ、十月に死亡すると、前原一誠が後任の兵部大輔に指名された。兵部省は後の海軍省・陸軍省の前身であり、兵部大輔は陸海軍の事実上の第一人者である（上官の兵部卿として嘉彰親王が存在したが、実戦の指導官ではない）。

まもなく奥平謙輔が長州へ帰ったため、山川健次郎と小川亮は越後へもどり、ふたたび勉学に打ちこむ日々を送った。前原一誠は三年九月に辞任。十月には病気養生のためとして長州の萩へ帰り、九年十月、奥平謙輔たちと朝廷の奸臣を掃《はら》うと称して萩の乱を起こすという人生をたどるのである。

かれらは事破れ、斬首されておわるのだが、一度時間を会津鶴ヶ城の開城の時点まで巻きもどしたのは、旧会津藩士秋月悌次郎、山川家の兄弟と奥平謙輔、前原一誠の交流の歴史を知っておいていただきたいからである。

なぜ交流を知っておいてほしいかというと、萩の乱をおこした前原一誠や奥平謙輔は、旧会津藩士族であり雲井竜雄に似た感覚で政府転覆の野望を抱くグループと東西に同時に武装蜂起することを談合していたからにほかならない。

その旧会津藩士族とは、永岡久茂(元斗南藩権少参事)、中原重義(成業《しげなり》とも)こと地下にもぐっていた高津仲三郎、竹村俊秀(元斗南藩開墾掛頭取)、井口慎次郎(戊辰の年十五歳)一柳訪《ひとつやなぎたずぬ》(六百石取りだった一柳家の次男)、中根米七(太子流剣術の達人)の六人である。

かれらが萩の乱に呼応して動き出そうとした矢先、日本橋小網町の思案橋《しあんばし》で邏卒(ポリス)たちから不審訊問を受けた直後に発生したのが「思案橋事件」。この事件についても当時の報道を元に作品中で解説したことがあるので、以下その拙文を紹介したい。

(明治九年十月二十九日夜)その思案橋たもとにある陸運会社出張所、木村文七方を訪れたのは、不平士族とおぼしき十数名の壮士であった。

「下総《しもうさ》の登戸《のぶと》までゆきたいから、舟を仕立ててくれ」

といわれて舟子が出舟の用意をしながらさりげなく観察すると、男たちが各自たずさえたコウモリ傘にはことごとく刀身が仕込まれていた。怪しんだ舟子は、もよりの交番に人を走らせた。

その知らせを受けた日本橋警察署は、とりあえず寺本義久警部補、河合《かわい》好直二等巡査、木村清三三等巡査、おなじく黒野巳之助《みのすけ》の四人を現場に急行させた。寺本警部補がまず近づき、誰何《すいか》した瞬間、一味のひとりが抜き打ちにかれを斬殺、河合、木村も重傷を負ったが、ひとり黒野巡査のみはあやういところを逃れて本署に急を告げた。

待機中の警察官全員を現場にむかわせると、壮士たちは舟で逃走しようとしているところであった。まず六名を逮捕した警察側は、さらに三十日午前三時、深川区上佐賀町一丁目の先の仙台堀で五人の男の乗りこんだ小舟を発見。かれらが神妙に刀を差し出したので、ようやくこれを捕縛することができた。

その後徹夜の取りしらべで、かれらは萩に蜂起した前原一誠の一味であり、まず千葉県庁を襲って公金を奪い、ついで茨城、栃木で同志をつのり、新潟県で前原と合流する計画だったことが判明した——。

（『鬼官兵衛烈風録』）

捕縛された五人とは、前述の六人のうち巧みに逃れた中根米七以外の旧会津藩士である。千葉県警察署勤務の元会津藩士は二十七人おり、警察署長は元別選組の隊士加藤寛六郎《かんろくろう》であった。

これを知った時は、さすがの佐川官兵衛も愕然としたに違いない。すぐに川路利良警視長改め大警視に要望して千葉県へ出張した官兵衛は、加藤寛六郎らが事件とは無関係だったことを確認。胸を撫で下ろして帰郷し、一二月に大警部から権少《ごんの》警視に昇進した。

この項の最後に、思案橋事件を起こした旧会津藩士六人のその後に触れておく。

永岡久茂は闇の中での乱戦のさなかに井口慎次郎の刀に腰を斬られてしまい、思案橋から永久橋まで舟で逃れた時、警察官の乗る舟に追いつかれて逮捕された。年の改まった明治十年一月十二日、その傷が悪化して久茂は鍛冶橋の獄舎で死亡した。享年三十八。

それを知って井口慎次郎は、弔歌を手向けた。


待てしばし我もあとよりつゞかましおなじよみぢに旅する身なれば

中原重義こと高津仲三郎の束松事件を起こして以後の足取りははっきりしない。かれは寺本警部補に致命傷を与えた罪により、十年二月七日、竹村俊秀、井口慎次郎とともに斬罪となった。享年五十一。

辞世が一首伝わっている。

ことしあらばまた魁《さきが》けん国のため我が魂をこゝに残して

竹村俊秀にも辞世がある。

白露と消ゆる命は惜しまねど猶《なお》思はるゝ国の行末

中根米七は逃亡に成功し、一時は西郷隆盛と謀議するため鹿児島入りした、との説も流れた。しかしそれはデマだったようで、ひそかに会津へ帰り、耶麻郡熊倉《くまぐら》村（現、喜多方市）に潜伏していたと見て大過あるまい。

いつしか、これ以上は逃げられないと悟った米七は、十一年（一八七八）八月二十三日、熊倉村の光明寺の墓地で自刃した。会津藩が戊辰の年に籠城戦を開始してから、ちょうど十年目の当日を選んだのであろう。享年五十九。その墓地には「義士中根米七之墓」と刻んだ墓石があり、会津人の、十年遅れて藩に殉じた「義士」への思いを今日に伝えている。

一柳訪は戦乱の最中に左の鬢《びん》を斬られたが、高津、井口とともに重傷の永岡久茂を舟に乗せて逃亡中に捕えられた。かれは終身懲役を宣告され、石川島監獄に服役中の明治十四年（一八八一）二月に病んで没した。享年四十三。

このように戊辰戦争の東軍参加者の中には、薩長藩閥政治に対してアンチテーゼを示そうとしながら、志を果たすことなく生涯を閉じた者たちもいたのである。このような幕末維新史の光と影、表と裏を考えない限り、人は立体的にこの時代を考察することはできない。

戊辰戦争百五十周年の今年は、明治という時代の色についに染まらなかった一群の人々が存在した事実に改めて思いを致すべき秋《とき》でもあろう。

第8章
戊辰戦争の東軍出身者と西南戦争

山川家の兄妹たち

山川浩

佐川官兵衛と並び
「知恵山川、鬼佐川」と
渾名された、
会津藩最後の家老。

山川健次郎

兄・浩とともに
『京都守護職始末』を執筆し、
会津松平家の名誉回復に尽力。

山川捨松
（大山捨松）

日本初の女子留学生のひとり。
帰国後、大山巌と結婚。
知性と美貌から
鹿鳴館の華と称えられた。

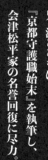

「賊徒」から官軍となった男たち

山川浩の家からは、かれが陸軍入りする前に弟の健次郎、末の妹の咲子が前後してアメリカに留学していた。

新潟から東京へもどり、旧幕臣の私塾で学んでいた健次郎は、北海道開拓使次官黒田清隆の定めた留学生派遣計画に従って選出されたのである。その横浜出立は明治四年（一八七一）元旦のこと。健次郎を黒田に留学生として推薦したのは、まだ斗南藩権少参事に任じられていた永岡久茂《ひさしげ》であった。

苦労の甲斐あってエール大学理学部を卒業した健次郎は、明治八年五月に五年ぶりに帰国。九年一月に東京開成学校の教授補に採用され、十年に東京大学が設立されると同校はこちらに合併された。今日の感覚でいえば、健次郎は京大理学部の助教授として物理学を講義した、といってよい。

永岡久茂が死亡した同年一月十二日かその翌日、左手が使えないので休職中だった浩と健次郎は、永岡の遺体に対面。のちに健次郎は、そのことを左のように回想することになる。

永岡には妾があつたのみで外に家族がないから、我が輩兄弟、赤羽四郎《あかはね》（健次郎の幼な友達。やはりアメリカ留学組で、のちスペイン大使＝筆者注）の三人で受け取つて葬式をしたが、三人とも貧乏なので僅かばかりの費用に困つて、衣服などを質屋へやつて金を調《ととの》へたことであつた。

（「奥平謙輔先生」、『男爵山川先生遺稿』所収）

詩文の才にあふれていた永岡久茂には酷ないい方になるかも知れないが、こうして山川家の兄弟と赤羽四郎がかれを葬送したのは、旧会津藩士たちの心理が破滅型から調和型に切り替わった一瞬だったかも知れない。

健次郎の末の妹山川咲子は、十二歳の明治四年十月、やはり黒田清隆によって日本初の女子留学生五人のひとりに指名され、十二月にアメリカへ渡航した。その母唐衣《とい》が「捨てたつもりで帰りを待つ」という思いをこめて、咲子を捨松《すてまつ》と改名させたことはよく知られている。

この捨松にはいずれ再登場してもらうことにして、高津仲三郎《ちゅうさぶろう》ら三人の斬首からまだ五日しか経たない十年二月十二日、ついに西郷隆盛が蹶起《けっき》したことを見てゆく。

この日、桐野利秋、篠原国幹《くにもと》と連名の率兵上京届を鹿児島県令大山綱良宛に提出。十五日、七大隊編制の薩軍約一万三千を率い、熊本城内に置かれた熊本鎮台めざして北上を開始したのである。

当時の陸軍は、長州出身の陸軍卿（のちの陸軍大臣）山県有朋《ありとも》の支配下にある。前原一誠が兵部大輔《ひょうぶたいふ》を辞したためにそれまで兵部少輔だった有朋が後を襲い、さらに陸軍卿へと出世したのだ。

奥平謙輔、前原一誠らの辞任・帰郷の理由は「朝廷の奸臣を掃《はら》う」ためだったと前述したが、陸軍の奸臣といえば山城屋和助と通じていた山県有朋その人である。

まだ兵部大輔だった時代の前原一誠は、大村益次郎が発案し、有朋の受けついだ国民皆兵路線に反対であった。前原が奸臣山県有朋らを嫌って下野したのを受けて、明治六年（一八七三）一月十日に徴兵令を定めたのは有朋にほかならない。

その結果、全国は六つの軍管区にわけられ、仙台、東京、名古屋、大阪、広島、熊本に鎮台が置かれた。常備兵力は、平時が三万一千六百八十人、戦時が四万六千三百五十人。対して薩軍約一万三千には九州各地の不平士族も続々と参加し、一時は兵力三万にまでふくれ上がる。これは日本陸軍の平時の兵力に匹敵する事態だから、政府はさらに兵力を増強する手段として、内務省の管轄下に入って警視局東京警視本署と改称された旧東京警視庁から警視官で編制した警視隊を出征させるかたわら、民間から徴募巡査を募集して戦線に投入することにした。

徴募巡査には「自主的に志願した者」と「旧藩主の勧奨を受けて応募した者」とがある（後藤正義『西南戦争警視隊戦記』）。

坂本龍馬を斬った男として知られる元京都見廻組の今井信郎《のぶお》は、駿府七十万石を与えられた徳川家達《いえさと》に従って静岡県に土着していたが、内務卿大久保利通から内務省七等出仕となっていた人見勝太郎（寧《やすし》）を介して出動を依頼され、旧幕臣六百人を率いる大隊長に就任した。桑名藩の故地三重県の士族からは、元藩主で松平容保の実弟にあたる松平定敬《さだあき》みずからが県内を馬で駆けめぐって檄《げき》を飛ばした結果、四百五十人が手を挙げ、そのうち桑名からの応募者は三百余人に達した。

福島県からの応募者は、旧会津藩の城下町若松を中心とする第十一区からの百五十九人を入れて千三百三十人。これに以前から警視局に奉職していた者六百人、斗南藩関係者三百人をふくめると二千二百三十人という大変な数字が得られる（塩谷七十郎『西南戦争・福島県人の奮戦』。斗南藩士族には、青森県士族として応募した者もいる）。

警視隊の総数は一万三千人と見積もられているから、福島県からの徴募巡査には旧福島藩士、旧二本松藩士、旧磐城平《いわきたいら》藩士、旧相馬中村藩士らもふくまれはするものの、その一割前後は旧会津藩関係者であったと見られる。

このような傾向が鮮明に浮かび上がった要因のひとつとしては、不平士族の乱が相つぐうちに、

「朝敵回り持ち」

という表現が生まれていたことを指摘できるかも知れない。

佐賀の乱、神風連《じんぷうれん》の乱、秋月の乱、萩の乱、思案橋事件、西南戦争の六つの不平士族の乱のうち、思案橋事件以外は戊辰戦争の勝ち組の藩で発生した内乱であった。勝ち組の一部が反乱を起こし、逆賊として処刑されたのである。

ひるがえって戊辰戦争とは、それまで賊徒、朝敵とみなされていた長州藩が薩摩藩と水面下で結託して討幕戦を起こし、敗れた旧幕府と会桑両藩、及び東軍諸藩が賊徒、朝敵とされた戦いであった。勝てば官軍、負ければ賊軍といったレッテル貼りが幕末からつづいていたからこそ、当時の日本人は、

「昨日までの官軍は、明日は賊軍と呼ばれるかも知れない」

という相対主義的感覚を身につけた。「朝敵回り持ち」とは、その感覚をよくあらわした表現である。

さて、ここから旧会津藩士たちの薩軍追討に尽した姿を紹介してゆこう。

十年二月十日に警視第一方面第一分署（のちの麴町警察）の署長となっていた一等大警部佐川官兵衛には、二月十九日に檜垣直枝《ひがきなおえ》権少警視を長とする豊後口《ぶんごのくち》警視隊の一番小隊長兼副指揮長として大分へ出張せよ、との命令が下った。二十一日には薩軍が熊本鎮台に攻め寄せたから、海路をたどった官兵衛たちは小倉—豊前中津—南宇佐—大分町と別府湾沿いに南下し、同鎮台を救援することになった。

途中、熊本鎮台を囲んだ薩軍の一部が熊本県阿蘇郡の西の要衝二重峠《ふたえのとうげ》を制圧したと知り、

豊後口警視隊は豊後竹田街道をこの峠の東方約四里、坂梨へ進出して薩軍討伐をこころみることにした。坂梨を越えれば阿蘇五岳の北辺をかすめて西に向かう阿蘇谷と、南辺をかすめておなじく西へ伸びる南郷谷がひらける。

三月十一日、坂梨に入った官兵衛は二重峠の薩軍がなおも陣地を増強中と知り、後方三里にいた檜垣に自分の一番小隊による先制攻撃と本軍の坂梨進出を要請した。これは、歴戦の官兵衛ならではの献策である。

ところが、土佐の郷士の出で実戦経験のない檜垣は、戦機がすでに熟したことを理解できない。十二日、呆れた官兵衛が、

「指揮長が戦場に臨むのを好まれぬのであれば、豊後口警視隊の全員を一時本官に貸し与えられよ。一気に賊塁を抜き、熊本鎮台に到達して御覧に入れる」（小著『鬼官兵衛烈風録』）

というと、

「軽々しくそんな許可は与えられん」

と、判断力がないことをみずから告白するような答え方をした。

ところがこの日、二重峠の薩軍が黒川口へ南下し、阿蘇南郷谷の中心、白水村吉田新町《はくすいそん》（現、南阿蘇村吉田）から官米を奪う気配を見せはじめた、と報じた者がある。そこで官兵衛と一番小隊の百三十人は、急ぎ吉田新町に進出。会所《かいしょ》の官米百余俵を坂梨に後送し、薩軍の掠奪を未然に防いだ。

佐川官兵衛の「鬼官兵衛」という戊辰以来の渾名《あだな》は南郷谷でも知られていたが、これを鬼という姓の人と思いこみ、「鬼さま」と呼びかけた者がいたので官兵衛は苦笑いしたという。官兵衛は部下たちに暴行掠奪を固く戒め、自身は村童たちの頭を撫でてやる優しさだったので、今もって南阿蘇村では人気がある。

しかし、黒川口の薩軍は増加する一方で、のちに谷干城が、

「けだしその才能に取るべきものなし」

と三条実美《さねとみ》や岩倉具視に向かって断言することになる檜垣直枝は、大阪までやってきた川路大警視に電報で指示を仰ぐほど怯えきっていた。

結局、西の黒川口へ向かって阿蘇谷と南郷谷から合撃《ごうげき》をこころみることになり、作戦開始は十八日と決められた。それにしても、トップが無能では難戦を強いられるのは目に見えている。

十七日夜、官兵衛は宿舎で辞世を詠《よ》んだ。

君がため都の空を打ちいでて阿蘇山麓に身は露となる

そして三月十八日の午前一時、一番隊と五番隊の半隊計七十人を率いて夜道を西へ進んだ官兵衛は、夜明け前、薩軍二百余とこれに味方する農民一揆の四十に遭遇。敵将鎌田雄一郎

と白刃を交えるうち、物陰に潜んだ農民長野唀《さばく》の放った一弾を左胸に浴びて仆《たお》れた。享年四十七。

官兵衛の死によって、豊後口警視隊はなすすべもなく敗れ去った。戦死者はほかに十九人、薩軍に捕われて斬首されたのは七人。戦死者の中には田京重文、荒川武、石川綱江、小沢保興の旧会津藩士四人もふくまれていた。

かつて会津若松市が、豊津高校（現、育徳館高校）の郡長正《こおりながまさ》記念庭園に石ふたつを寄贈し、「石を贈る詞」を添えたことは前述した通り。官兵衛については討死の地に長く「佐川官兵衛討死之地」碑が建てられ、その側面には辞世が刻まれていた。

しかし、その遺骨は大分の護国神社に埋葬されていて、会津へは還っていない。

「ならば阿蘇の石で記念碑を造り、それを会津若松市に寄贈することによって、官兵衛さんの御霊《みたま》を百三十数年ぶりに里帰りさせてあげようではないか」

と考えたのは豊津高校OBで郡長正を愛して止まない柏木隆之助氏であった。

元白水村村会議長であり、独力でかつての吉田新町に「鬼官兵衛記念館」という名の歴史博物館を建立した興梠二雄《こおろぎつぐお》氏が地元議会の承認も取りつけた結果、平成十三年（二〇〇一）八月二十日には重さ八百キロの巨石が会津に到着。その後加工され、九月二十二日、鶴ヶ城旧三の丸一角にて「佐川官兵衛顕彰碑」の除幕式がおこなわれた（解説板の文章は、拙文）。

それから十五年。平成二十八年（二〇一六）四月十四日から発生した熊本地震は阿蘇地方をも襲い、「佐川官兵衛討死之地」碑は三つに折れて石垣も崩れ去った。

そこで興梠氏を会長とする佐川官兵衛顕彰会は、官兵衛が吉田新町滞在中に含漱洗顔《がんそうせんがん》した明神池のほとりにその胸像を載せた「佐川官兵衛顕彰碑」を建立すると決定。会津から百数十万円の寄付も寄せられ、平成二十九年（二〇一七）四月一日に除幕式がおこなわれた。

この官兵衛との縁で結ばれた南阿蘇村と会津若松市は、今年秋には友好関係を結ぶ由。このように静かに進んでゆく歴史の輪もあるのだ。

山川浩の再登場

西南戦争勃発当時、二十四歳の新進の物理学者となっていた山川健次郎に対し、岩倉具視は二度までも会見を申しこみ、
「陸軍少佐となって会津から兵を募り、薩摩征伐に赴いてもらいたい」（桜井懋《つとむ》『山川浩』）
と願って止まなかった。岩倉は、のちに日本の物理学博士第一号となる類稀《たぐいまれ》な人材を命のやりとりの世界に引き出そうとしたのだ。第二次世界大戦中の学徒動員を連想させる浅慮であり、学究一筋の生活に入っていた健次郎が承知するわけはなかった。

その間、熊本北方の要衝田原坂《たばるざか》では、小倉から南進して鎮台救援を志す陸軍と熊本から北上してこれを迎撃しようとする薩軍が死闘を繰り返していた（二月二十六日〜三月二十日）。

この「田原坂付近の戦闘」にあっても旧会津藩士の奮闘力戦がめだち、日本初の戦争特派員犬養毅《いぬかいつよし》の「戦地直報」（「郵便報知新聞」連載）は、三月一四日の警視隊の抜刀斬りこみを左のように報じている。


十四日、田原坂の役、我軍進んで賊の堡《とりで》に迫り、殆《ほとん》ど抜かんとするに当り、残兵十三人固守して退かず。其《その》時故（旧）会津藩 某《なにがし》（巡査隊の中《うち》＝原注）身を挺して奮闘し、直《ただち》に賊十三人を斬る。其闘ふ時大声に呼《よば》つて曰く、戊辰の復讎、戊辰の復讎と。

是は少々小説家言の様《よう》なれども、決して虚説に非ず。此会人《このかいじん》は少々手負《ておい》しと言ふ。


この「会人」とは、加藤寛六郎《かんろくろう》ではないか、という説がある。寛六郎が当時「抜刀隊小隊長として各地を転戦」したことはたしかで（『会津大辞典』）、だとすれば思案橋事件の発生時に千葉県警察署長だったかれは、不平士族の仲間かと一度は疑われたことから怒りの剣を揮《ふる》ったのかも知れない。

佐賀の乱で左腕が利かなくなり、休職中だった山川浩にも三月十六日に神戸への出張命令が下り、二十六日、浩は神戸において征討軍参謀を仰せつけられた。浩の歌集『桜山集』には、

「鹿児島征討の大命をかしこみて」

と詞書《ことばがき》された一首が収録されて、晴れて官軍として薩軍を討つことができる、と知った時の感慨を熱く伝えている。

薩摩人みよや東《あずま》の丈夫《ますらお》がさげ《(下)》はく《(佩)》太刀のとき《(鋭)》かにぶきか

山川浩が、かつて「知恵山川」と渾名《あだな》されていたことにはすでに触れた。慶応四年(一八六八)八月二十三日に会津藩が籠城戦に踏み切った時、浩は日光口を守備して谷干城をふくむ新政府軍と対峙していた。

若松へ引くことにした浩は、歌道に秀でた藩士小川伝吾に敵に対する訣別の和歌を一首詠ませ、その短冊を本陣の庭の梅の枝に結んでおいた。

時ありてしばしはひけど梓弓もとのてぶりにかへさざらめや

弓は大きくたわんで矢を発射すると、元の形にもどる。その弓のようにわれわれは城下へ帰る、という歌意である。その後、鶴ヶ城が幾重にも敵に囲まれていると知った浩は、小松村の彼岸獅子隊を先頭に行進させて包囲軍を唖然とさせておき、すらりと無血入城してしまった。

その浩が「薩摩人みよや東の」と熱く詠んだ理由のひとつは、かつて自分を陸軍に誘ってくれた谷干城が、ふたたび熊本鎮台司令長官となって苦しい籠城戦をつづけていたからでもある。

長州出身、山田顕義《あきよし》少将を旅団長とする別働第二旅団に配属された山川中佐は、八代海《やつしろ》（不知火海《しらぬい》）東岸の日奈久《ひなぐ》に上陸し、豊福、松橋《まつばせ》、宇土《うと》と熊本城の南方を掃討していた四月八日、熊本鎮台を脱出してきた一大隊を宇土に迎えた。その大隊長は、何と奥保鞏《やすかた》少佐であった。佐賀の乱で浩とともに戦い、胸部貫通銃創を受けたこの元小倉藩士は今も熊本鎮台詰めだったのだ。

奥少佐は、鎮台内部の様子を伝えた。


城中糧食漸《ようや》ク乏《とぼ》シ、因《より》テ軍人ハ一日黄粱《こうりゃん》（高粱）飯《めし》二次（二杯）、粥《かゆ》一次、文官は黄粱飯一次、粥二次ト定メ、支持シテ（これを守って）本月二十日ニ至ルベシ。独《ひと》リ憂フル所ハ薬品ノ欠乏ナリト。

（『征西戦記稿』「衝背軍戦記」、句読点・濁点筆者）


鎮台内部に飢餓が迫りつつあることを知った山田少将は、諸隊に告げた。

又聞ク、城中糧米ニ乏《とぼし》ク、或《あるい》ハ軍馬ヲ屠《ほふ》リテ傷者ニ給セリト。其艱辛想《そのかんしんおも》フ可《べ》キナリ。必ズ将《ま》サニ不日《ふじつ》（近く）大進撃ノ令アラントス。其際各隊能《よ》ク前旨ヲ体察シ、一層奮戦万死ヲ冒《おか》シ、以《もっ》テ速《すみやか》ニ勦滅《そうめつ》（掃滅）ノ功ヲ奏セヨ。（同）

山田少将は別働第二旅団を三手にわけ、山川中佐には右翼の五個中隊の指揮を命じた。熊本と宇土の間を西流して島原湾に注ぐ緑川を北へ越え、何とか熊本鎮台に連絡をつけよう、という作戦である。

十三日、朝霧に隠れて緑川をわたった山川中佐は、十四日には中洲をはさんで北側の加瀬《かせ》川を渡河。左翼から火の手が上がり、砲声も聞こえたことから、左翼軍も川筋を突破したと見て号令を下した。

「時ふたたびきたらず、機失うべからず。熊本に連絡して、城兵焦眉の急を救うはまさにこの時にあり」

ラッパ手に急進のラッパを吹奏させて疾駆した山川右翼軍に、薩軍は左右から抵抗をこころみたが、効果はない。一気に薩摩往還を北上した山川中佐は、熊本城の外堀である白川に架けられた長六橋《ちょうろくばし》をわたりきり、最短距離で鎮台に接近。午後四時、城内からこちらを薩軍と誤認して発砲する者があったので発砲停止のラッパを吹かせ、隊旗を掲げさせて高らかに告げた。

「別働第二旅団山田少将の右翼指揮官山川中佐、敵を破りて今此《ここ》に至れり。後軍亦《ま》た将《まさ》に継《つい》で至らんとす」（黒龍会編『西南記伝』中1）

鎮台内からは大歓声が起こり、山川中佐の名は熊本鎮台救援第一号として史書に刻まれることになったのだ。

この時の鎮台内の様子は、左のように描かれた。

負傷者は杖を突いたり人に肩を借りたりして城柵まで出て、兵たちを遠望した。重傷でこれまで動けなかった者も思わず病床に座り直し、あるいは戸外へ出て、喜び極まって泣く者もいた。医官も傷病者が城柵へ出たり病床を這ったりするのを禁じられなかったという。（『征西戦記稿』大意）

山川中佐は知らなかったが、谷干城熊本鎮台司令長官は四月十一日に城東の砲台を巡見中に薩軍から狙撃され、右肩口（首筋説もあり）を負傷して病床にあった。入室した山川中佐と、それを迎えた谷司令長官の姿は、

「両人感極まって黙然たることしばらくであった」

「谷司令長官等は浩にその戎衣《じゅうい》（軍服）を解き休養せんことを勧め、また房室を設けるなどして待遇甚《はなは》だ慇懃《いんぎん》であった」

と『山川浩』に記述された。

戊辰の年に「知恵山川、鬼佐川」と並び称され、そろって会津藩家老に登用されたふたりのうち、佐川官兵衛は武人同士の一騎打ちの意味を知らない農民の発射した一弾によって討死を余儀なくされた。だが山川浩は、鶴ヶ城へみごとに無血入城した快挙を再現したように、熊本鎮台を救ってみせたのである。

翌十五日と日付が変わったころには他の旅団も鎮台に入城したので、薩軍は鎮台包囲戦を断念し、以後は迷走を重ねることになる。

西郷隆盛は誰に討たれたか

さらに一ヵ月後の五月十八日には、藤田五郎警部補をふくむ七百余人の警視徴募隊が新橋停車場から横浜停車場へ移動し、海路をたどって二十一日に大分の佐賀関港に到着。豊後口警視徴募隊と称し、薩軍の占拠している竹田の岡城を奪回する作戦を立てた。岡城は鶴ヶ城とともに、のちに土井晩翠《ばんすい》作詞、滝廉太郎作曲「荒城の月」のモデルとなる山城《やまじろ》である。

二十四日、その半里手前の法師山の薩軍陣地をまず奪うことになり、藤田五郎警部補は間道から先鋒としてこれを攻める二番隊の半隊長として出動。奇襲を仕掛けて砲二門を取り、七十五人を捕虜とするという大勝利に貢献してみせた（『西南戦争警視隊戦記』）。岡城を登って北の低地を眺めると、今日も陣笠に似た形の法師山（標高三九七メートル）を視認することができる。

なお、元新選組隊士で箱館から土方歳三の遺品を日野宿の名主佐藤彦五郎（土方の姉のぶの夫）に届けた市村鉄之助には、薩軍に加わって討死したという伝承があるが、確証はない。

旧会津藩士、元新選組隊士とくれば、次には旧桑名藩士の動向を見るべきだろう。

これも上述したように徴募巡査に三重県からは四百五十人、旧桑名藩領からのそれは三百余人に達した。このうち注目すべき人物は、立見尚文《たつみなおふみ》である。

江戸無血開城当日に脱走軍に参加した桑名藩士たちは、戊辰の年の四月に越後の柏崎陣屋に集結。兵力二百八十八人を雷神隊、致人隊《ちじん》、神風隊《しんぷう》にわけ、立見尚文は雷神隊の隊長に選出された。

この三隊が「佐幕派強い者番付」の筆頭に謳われたことも紹介済みだが、一例を挙げれば、戊辰の年の四月十三日に小千谷《おじや》から信濃川を渡河して朝日山を攻撃しようとした時山直八が射殺されたのも、立見が時山の動きによく気づいて配下に狙撃を命じた成果であった。

すなわち山県有朋に「あだ守る砦のかがり影ふけて夏も身にしむ越の山風」という嘆きの

一首を詠ませたのは、立見だったといってもよいのだ。

奥羽戊辰戦争の終盤、庄内藩に招かれて鶴岡へ行った立見たちは、その庄内藩が降伏したことから止むなくおなじ道をたどり、明治二年二月以降は桑名へ帰されて謹慎。桑名藩が桑名県になると権少参事として出仕し、同県が三重県の一部になると旧四日市陣屋に置かれた県庁に赴任し大属《だいさかん》となった（土屋新之助『立見大将伝』）。大属は県令、権令、大書記官に次ぐ職である。

しかし、権令は立見より一歳年下なのに戊辰の勝ち組尾張藩の出身ゆえにこの職にありついた人物であり、立見は上京して六年四月に司法省十等出仕となった。役人には転勤がつきもの。九年一月から立見は一級判事補、高知裁判所所長代理として徳島支庁勤務になった。

この時代に立見は旧徳島藩蜂須賀家の庚午《こうご》事変について知ったはずだが、その関心は鹿児島へ帰った西郷隆盛に寄せられていて、かれの関係史料に庚午事変のことは出てこない。

その立見を司法省出の元老院議員で土佐出身の河野敏鎌《とがま》が訪ねて来たのは、十年三月二日のこと。立見は帰郷の上、三重県へ出張するよう命じられた。河野は武略に長じた元桑名藩雷神隊長を帰県させ、同県士族を徴募巡査として九州へ向かわせよう、と考えたのだ。松平定敬が立見のこの募兵をバックアップした結果、四百五十人が新撰旅団に編入され、立見自身は陸軍少佐に任官、同旅団の参謀副長として七月二十日に鹿児島の土を踏んだのである。

この時点で熊本から人吉《ひとよし》へ退却していた薩軍は、五月三十日、その人吉の戦いにも敗北。

宮崎へ敗走し、西郷は七月三十日に宮崎から北の延岡《のべおか》へ逃れた。鹿児島出陣時に一万三千あったその兵力は、一時三万に達したもののその九割が消え、わずか三千のみとなっている。

新撰旅団が、宮崎で別働第三旅団と交代して追討の第一線に躍り出たのは八月一日のこと。新撰旅団を元新選組の隊士たちのことかと思った薩軍兵士の中には、

「また新選組があらわれたか！」

と舌打ちした者もいた、という話は新選組マニアの書いた本で知った。

延岡北方の長尾山から東南の無鹿《むしか》山へつながる鞍部は和田越《わだごし》といわれ、そこに造られた薩軍陣地には西郷も姿を見せた。決戦は、八月十五日から。薩軍は正面軍として進んだ第四旅団、別働第二旅団の猛攻によって崩れ立ったため、搦《から》め手に回された新撰旅団は出る幕がなかった。

しかし、十六日のうちに西郷はこれ以上組織的戦闘をつづけることを断念し、全軍解散令を布告していた。曰く、

「降《くだ》らんと欲する者は降り、死せんと欲する者は死すべし」（黒龍会編『西南戦記』中2）

要するに、生きるも死ぬも勝手にしろ、と兵たちを突っ放した言い方で、「責任はおれたちがとる、若い者は堪えて生きろ、そしておれたちの思いを後世に伝えてくれ」という思いが欠如している点に西郷の限界がある。書類や陸軍大将の軍服も焼き捨て、桐野利秋らの幹部と私学校生徒六百のみを従えた西郷は、長尾山の西北、断崖絶壁だらけの可愛岳《えのだけ》へと消え

ていった（篠原国幹は三月中に戦死）。

以後の薩軍の動きを「可愛岳突破戦」などと称するのは西郷贔屓《びいき》が過ぎた表現で、実態は逃避行である。二十五日、

「脱賊を追撃せよ」

との命を受けた立見少佐は、新撰旅団第二大隊の七百六十一人を従えて敵影を探索。薩軍がわずか四百数十の兵力となって鹿児島の鶴丸城の後背地、城山の岩崎谷に洞穴を掘って籠ったと知ったのは、九月二日のことであった。

城山包囲網が完成した十九日、和田越で初めて前線にあらわれた征討軍参謀（のちの参謀長）という肩書きの山県有朋は、進撃期日を二十四日と決定。総攻撃の第一線に立つ兵力は千三百余、そのうち新撰旅団から指名されるのは百六十と決まり、その指揮官には立見少佐が指名された。

その雄姿と西郷の最期について、私は次のように描いたことがある。


午前五時すぎ、諸方から銃声、砲声こもごも湧いて地を揺るがし、頭上に赤い銃火が交錯する異様な光景の中で、ついに立見少佐は岩崎谷最奥部への突入を命じた。

急斜面を疾駆して岩崎谷へ降り立った新撰旅団攻撃兵は、文字どおり薩軍の内ぶところに飛びこんでそのはらわたを喰い破った恰好である。

薩軍の一部はたまらず岩崎谷から私学校北側の山上に逃れた。これらは立見少佐が山上に留め置いた右半隊二分隊に前方を扼《やく》され、背後からも挟撃されて次々と斃《たお》れた。時に五時五十分。

この時すでに、西郷は洞穴にはいなかった。西郷は桐野利秋、辺見十郎太、村田新八、別府晋介ら四十余名に守られて、左側に士族屋敷の石垣のならぶ岩崎谷を東へ下っていた。

この集団のうしろ姿を約二百メートルの距離に捉えた新撰旅団が乱射を浴びせたため、ひとりが重傷を負って道ばたに倒れ伏した。（略）

その間に西郷たちは、乙字形にうねる道を抜けて立見少佐たちの死角に入りこみ、さらに岩崎谷入口へ近づいていた。だが入口へ二百メートルの島津応吉《まさよし》邸前にさしかかった時四方から弾雨の集中するところとなり、西郷は腹と腿とに銃弾を浴びた。

藍色の紬《つむぎ》の単衣《ひとえ》に黒い兵児帯《へこおび》を締め、その帯の左前に和泉守兼定《いずみのかみかねさだ》一尺七寸、ふところに七連発のピストルを収めて脚に小紋の脚絆《きゃはん》をつけていた西郷は、痛みをこらえて東方を拝し、

「晋どん、晋どん」

と別府晋介を差し招いた。（略）

「晋どん、やっくいやい（やってくれ）、この辺でよかろ」

西郷はかれに、おのれの介錯を命じたのである。

「はっ、先生、では御免なったもし（御免下さい）」

みずからも足を負傷し、輿《こし》に乗せられて運ばれていた別府は、涙をこらえて大刀を一閃《いっせん》した。西郷隆盛は享年五十一。その首は、うしろから走ってきた薩軍の少年兵が拾い上げた。

（『闘将伝　小説立見尚文』文春文庫）

その首なし屍体に最初に気が付いたのは、新撰旅団の石神助幹《すけもと》警部補であった。

薩摩出身でかつて西郷邸に遊びに行ったことのあるかれは、落ちていたフランス製のピストルが形といい銃把に付けられた緋房《ひぶさ》といい、西郷邸で見たのと同一のものだ、と瞬時に判断。しかも、その首なし遺体にはフィラリアに由来する陰嚢水腫が顕著であることから、西郷に間違いない、とほかの者たちも確認できた。この持病のため西郷の陰嚢は赤ん坊の頭部大に腫れており、陸軍大将となっても乗馬不可能なからだになっていたのである。

それにしても、遺体にここまで肉薄したからには立見少佐の部隊が西郷を討った、ということになる。旧会津藩士族山川浩、旧桑名藩士族立見尚文のふたりは、かつて会桑と並び称された両藩のことを当時の日本人に思い出させ、かつ「朝敵回り持ち」という表現の正しさを身をもって証明することになったのであった。

以後、陸軍一筋に歩んだ立見は、日清戦争には陸軍少将・歩兵第十団長として出征。平壌一番乗りの功を挙げたほか、樊家台《はんかだい》という寒村を谷底に見る山深い山間部で約三倍の敵と相対した時には、兵力を右翼、本軍、左翼に三分。敵弾の命中率は低いと見て左右高地の敵を無視し、その本陣のある樊家台に中央吶喊《とっかん》をおこなわせて勝ちを制した。立見が、

「日本一の戦術家」(『ニューヨーク・ヘラルド』紙)

「東洋一の用兵家」(野津道貫中将)

と高く評価され、凱旋帰国後、男爵を授けられて華族に列したのは当然のこと。

明治三十一年、陸軍中将に進み、弘前第八師団の初代師団長となった立見は、三十七年三月に対露開戦決定となると、十年ぶりに朝鮮から満州に進出。渾河《こんか》南方の集落黒溝台《こっこうだい》を前線基地としたクロパトキン将軍率いる世界最強のコサック騎兵八個師団に、独力で戦いを挑む羽目になった。

大山巌《いわお》元帥をトップ、児玉源太郎大将を総参謀長とする満州軍総司令部が敵の動きを読み違えた結果だが、立見は決死隊を編制して敵へ五百メートルの距離から銃剣と刀による夜襲を命令。戊辰戦争以来の強襲につぐ強襲によって、ついに勝ちを制した。

日本で大山や児玉が称揚されるのに対し、欧米の評価は、

「日本陸軍の勝利は黒溝台の戦いで決まった」

というもので、日露戦争の陸戦の最大のヒーローは立見将軍とされている。

明治天皇と山川浩校長

ここでふたたび西南戦争の時代に視点をもどし、龍馬を斬った男今井信郎《のぶお》が静岡県下でかき集めた六百人はどうなったかを眺めよう。十年七月九日に、一等中警部心得に任命された今井は、六百人の徴募巡査を二個大隊にわけ、千葉県習志野《ならしの》原の陸軍練兵場で訓練。浜松までもどってきてさらに南進しようとしていた八月十六日に、西郷は全軍解散令を出したのであった。

今井がこれを聞いて失望を禁じ得なかったのは、西郷を討つ機会に恵まれなかった、と知ったからではなかった。実は今井は、榎本脱走軍の一員として箱館五稜郭《ごりょうかく》に二年五月の降伏開城まで籠っていた自分を、裏から手を回して助けてくれたのは西郷だという確信を抱いていた（今井幸彦『坂本龍馬を斬った男』）。だから今度は自分が西郷を助ける、と発想した今井は、右の二個大隊を率いて九州の前線に赴くや、薩軍に寝返って戊辰の官軍であった明治の陸軍に一矢報いてやろう、と考えていた。

その夢は叶わぬものだったと知った今井は、八月二十七日解職され、慰労金二百円をもらって牧野原台地の一角に土着した。

するとある年、「数人の刺客」が仇討ちだといってやってきた、と今井家家伝はいう。仇討ちというからには、坂本龍馬か、同時に斬られた中岡慎太郎の仲間に違いない。「しばらく待たれい」といった今井は部屋中に百目蠟燭《ひゃくめろうそく》に火を点してずらりと並べ、長押《なげし》から槍を取って鞘を払うと、その穂先で表戸を撥《は》ねのけ、「いざ参れ！」と叫んだ。

すると、妻のいわも白装束に着替えて得意の鎖鎌を構えた。不意に煌々《こうこう》たる明りに目を射られた刺客たちは今井夫婦の迫力に気を呑まれ、戦うのを止めて帰っていったという。

大正四年（一九一五）、七十六歳にして脳卒中を起こし半身不随となった今井は、二年後に逝去するまで、『徳川慶喜公伝』が刊行されたと知ってしきりにこれを読みたがった、という家伝も『坂本龍馬を斬った男』に紹介されている。

この今井家とは対照的に、西南戦争がおわってから華やかなことがにわかに多くなったのが山川浩・健次郎兄弟である。この兄弟と姉妹の足取りを略年表風に書き出してみよう。


明治10年（1877）12月、長女二葉《ふたば》、東京女子師範学校（現、お茶の水女子大学）の寄宿舎長に採用される。

同11年（1878）1月、浩、佐賀の乱と「鹿児島逆徒征討」の功により勲四等、年金百三十五円を下賜される（立見少佐は勲五等、年金百円）。また戊辰戦争中に妻を被弾死させていた浩は、このころ再婚。

同12年（1879）7月、健次郎、東京大学理学部教授となる。

同13年（1880）4月、浩、陸軍大佐に昇進。

同14年（1881）7月、健次郎、元唐津藩士丹波新の次女鉚《りゅう》と結婚し、小石川区初音町に分家独立。

同15年（1882）11月、アメリカのヴァッサー・カレッジを優秀な成績で卒業した二十三歳の捨松、丸九年ぶりに帰国。

同16年（1883）春、西郷隆盛の弟で陸軍中将兼農商務卿、議定官の職にある従道《つぐみち》、山川浩邸を訪問し、陸軍中将兼陸軍卿、議定官の大山巌と捨松の結婚を打診。数日後、捨松はこれを承諾。

同17年（1884）2月、ロシアに留学してフランス語を学んでいた次女の操《みさお》帰国し、宮内省御用掛（皇后の通訳）となる。


十五年十二月、捨松は女子留学生仲間の永井繁子とのちに海軍大将・男爵となる瓜生外吉《うりゅうそときち》の結婚記念パーティで『ベニスの商人』の英語劇がおこなわれた際、シャイロックをこらしめる若妻ポーシャを演じ、その気品ある美しさで観客たちを魅了した。

薩摩出身ながら明治二年から七年までフランスに留学し、ヨーロッパナイズされた感覚の持ち主になっていた大山も、捨松の洗練された知性に胸を打たれ、妻を喪っていたこともあって西郷従道に仲立ちを頼みこんだのだ。日本語を忘れ去っていた捨松と日本語がすべて薩摩弁になってしまう大山巌とは、日常会話をフランス語でおこなう奇妙さはあるものの、総じて睦まじい家庭を作った。

対して十六年二月以降陸軍省人事局長となっていた山川浩大佐は、十九年二月中に少将に昇進した。その時、陸軍中将兼内務大臣として内政全般にわたって強い影響力を持っていた山県有朋が昇進決定後にそれを知り、

「山川は会津ではないか」（今田二郎「山川浩将軍を偲ぶ」、『会津史談』第五十九号）

と不満をあらわした、という有名な話がある。

以後、陸軍には「会津人は少将までしか出世させない」という不文律が出来上がってしまい、この不文律を破り、大正三年（一九一三）に中将、同八年にはついに会津出身第一号の陸軍大将に昇進したのは、北清事変《ほくしん》（義和団の乱）に際して連合軍をみごとに指揮したコロネル・シバこと柴五郎であった。同年、山県は政界最長老としてなおも影響力を持ってはいても、八十二歳の高齢になっていたし、柴五郎はイギリスをして日本を日英同盟を結ぶに足る国家と認識させた名将であった。だから、戊辰の年以来会津人を憎みきっていた山県もこの人事には口を挟めなかったのであろう。

ところで柴家は、旧会津藩にあっては二百八十石を受ける上士であり、物頭《ものがしら》を勤める武門

名誉の家筋であった。戊辰の年の八月二十三日早朝、若松城下に早鐘《はやがね》の乱打される音が鳴りわたって「早く城へ走れ」と告げられたにもかかわらず、柴家の女たち五人は男たちの足手まといになってはいけないという思いから、一斉に自刃した。五郎の祖母つね八十一歳、母ふじ五十歳、嫂《あによめ》とく二十歳、姉そい十九歳、妹さつ七歳。

十歳で家を失った五郎は父たちと斗南移住に参加し、犬の肉まで食べる苦難の日々を体験。斗南藩改め斗南県の消滅後は東京へ出て山川浩邸に寄食させてもらい、明治六年に陸軍幼年生徒隊（のちの陸軍幼年学校）を受験したことから陸軍軍人への道を歩みはじめたのである。明治五年、十四歳にして浩の借家を訪ねた時のことを、五郎はいずれこう回想することになる。

浅草永住町の観蔵院に間借りする元会津藩家老、斗南藩大参事の山川大蔵方を訪《おとな》う。家族のほか旧藩の書生多数寄食し、一見して困窮の模様なり。それにもかかわらず、いつにてもきたれとのことなり。
（石光真人編著『ある明治人の記録――会津人柴五郎の遺書』）

浩が斗南県消滅後も、会津藩最後の家老として後輩たちを精一杯引き受けていたことがわかる。

その浩は、斗南藩が誕生した時には斗南藩学という名の藩校を芝増上寺《しばぞうじょうじ》の宿坊徳水院に設けたほど教育熱心な一面があり、明治十九年三月には第一次伊藤博文内閣の文部大臣で薩摩出身の森有礼《ありのり》の依頼によって東京師範学校長に就任した。

同年四月、同校は東京高等師範学校（のちの東京教育大学、今日の筑波大学）となり、浩は東京高等女子師範学校の校長も兼務。後者の寄宿舎長をつとめる姉二葉とともに、教育界に足跡を刻んでいった。

その業績について今田二郎「山川浩将軍を偲ぶ」は五点を挙げている。
①寄宿舎規則を改正し、軍隊的組織としたこと。
②全寮制としたこと。
③それまで万年床でも平気だった生徒たちを寝台に眠らせるようにし、毛布の畳み方まで指導したこと。
④兵式体操（のちの教練）の導入実施。
⑤修学旅行を長期、長距離化した行軍旅行の実施。
同年五月十八日、明治天皇は森文相から高等師範学校の諸事改良がおこなわれつつありますので御巡覧を、との奏請によって同校教授陣の講義ぶり、訓練の実際を見学。大いに満足し、浩に対して勅語を下賜した。
「教務改良、諸事整理ノ緒ニ就《つ》クヲ見ルハ、朕《ちん》ガ甚ダ嘉《よ》ミスル所ナリ」（『明治天皇紀』第六）
その浩が嫌ったのは、自分が地方へ出張すると各県の役人たちが送迎と称して飲み食いを楽しむことであった。白河へ行った時などは、浩が宿に到着する前から酒宴が始まっていた。国民の税金がこんなことに使われていることにがまんならなかった浩は、筆硯《ひっけん》と半紙を持ってこさせ、一首詠んで一同に示した。

飲むも憂しけふのうたげに酌む酒は青人草《あおひとぐさ》の血しほと思へば

この一首に対する地元役人たちの反応を記した史料がないのは、ちょっと残念である。

健次郎、『京都守護職始末』を出版

ここで紹介しておきたいのは、西南戦争での軍功によって勲七等、金百円を下賜された藤田五郎警部補のその後の人生である。

かつてかれは、警視庁を退職後、東京高等師範学校付属博物館看守となり、実際は剣道師範をしていた、と思われていた。だが最新の説では、明治二十五年(一八九二)十二月に退職後、東京女子高等師範学校の庶務掛兼会計掛をしていた、とされている。

前者であれば、藤田五郎は山川浩に再就職の面倒を見てもらった可能性が高い。後者の場合は、浩が姉二葉に五郎の再就職を頼んだということか。そういえば浩は五郎が男児に恵まれた時には名付け親を頼まれて勉と命名し、一首詠んでいる。

勉てふ名に背《そむか》ずばやがてよに高く功《いさお》のたたざらめやは（『桜山集』）

こういう逸話があることからも、五郎が旧会津藩士にすっかり同化して生きていったことがよくわかるのだ。

一方、浩は、結核を病んだために二十四年八月をもって前記の両校の校長職から依願退職した。時に四十七歳。すると旧主松平容保《かたもり》も老いが進み、二十六年十月、五十九歳にして小石川区小日向第六天町の屋敷に病臥することとなった。十二月四日、特旨をもって正三位に叙され、翌日永眠。神式で葬るため神号を諡《おくりな》とすることになり、

「忠誠《まさね》霊神」

という表現が選ばれた。

ついでその遺体をあらためると、首から不思議な竹の筒を首飾りのように提げているではないか。筒の中からは、かつて孝明天皇から頂戴した宸翰《しんかん》一通と御製《ぎょせい》二首が発見された。

その二首には、

「たやすからざる世に武士《もののふ》の忠誠の心を喜びてよめる」

との詞書《ことばがき》があり、「忠誠霊神」という神号を定めたばかりの側近たちを驚かせた。この御製は文久三年（一八六三）八月十八日の政変により、会津・薩摩両藩が尊攘激派公卿三条実美ら七卿と長州藩士を京から追放したことに満足の意を表明した作柄である。

和《やわ》らくも武《たけ》き心も相生《あいおい》の松の落葉のあらず栄えん

武士と心あはしていはほをも貫きてまし世々の思ひ出

このころ山川浩・健次郎兄弟が胸を痛めていたのは、文部省編纂の国定教科書『尋常小学校国史』が戊辰戦争の西軍（新政府軍）を天星によく順《したが》った軍隊、会津藩を代表とする東軍を逆賊と決めつける「順逆史観」を打ち出していたことであった。たとえば次のように。

会津藩主松平容保は、奥羽の諸藩と申し合はせ、若松城にたてこもつて官軍にてむかつた。官軍は諸道から進んでほとんど一個月も城を囲んだので、城中のものたちはたう〳〵力が尽きて降参した。

「官軍」の対義語は「賊軍」である。「申し合はせ」「たてこもつて」「てむかつた」が「力尽きて降参した」――会津藩と奥羽越列藩同盟とを「悪」のイメージで塗り固めたこのような順逆史観は、あまりに旧式過ぎる。

そこで浩と健次郎は、容保の竹筒から出てきた文書によって孝明天皇がもっとも信頼していたのは会津藩主松平容保だったとする史書を執筆し、会津藩が賊軍などと呼ばれるいわれはないと証明することにした。

ところが浩は、三十一年一月、教育に尽くした功により華族に列せられ、男爵を授かったものの、二月四日に永眠した。享年五十四。

当時の会津松平家は、容保が側室ふたりとの間に容大《かたはる》をはじめ五男二女（一女は早逝）をもうけたために財政が窮乏していた。そこで健次郎は、竹筒から出てきた宸翰の件を天皇家に伝えることにより、御下賜金を拝領できないか、と検討。竹筒の件をまず長州藩奇兵隊出身の陸軍中将三浦梧楼《ごろう》子爵に見せると、三浦は山県有朋や土佐出身の宮内大臣田中光顕《みつあき》に自分の意見を伝えた。

「若《も》し今日斯《こ》う云ふ御宸翰が表面に出ると、変なことになりはせぬか。忌憚《きたん》なく申せば、先帝の御在世が続いたならば、御維新は出来なかつた。此《こ》れは明《あきら》かな事実だ。（略）此れを会津が（略）若し出したら如何《いか》にするか」

「ソレは出させぬやうにせぬと困るが」
「ダカラ何とか（松平家の）御救助を願いたいと（山川健次郎は）言ふのだ」
（三浦梧楼『観樹将軍回顧録』より会話を抜粋）

健次郎がここまで頑張ったのは、松平家家政顧問を引き受けていたためである。こうして健次郎は、『京都守護職始末』と題名を定めた亡兄浩との合著の出版を見送るかわり、宮中から三浦の回想によれば御手許金五万円、健次郎の伝記によれば三万円が下賜されることになり、会津松平家は戊辰戦争から三十四年目にして、ようやく経済的に一息つくことができた。

明治三十三年の良質一カラットのダイヤモンドの小売店頭価格は二百円。今年四月の同じ重さのダイヤの過去の買取平均額は五十八万三千円、後者は小売店頭価格で見ればより高額になるが、その差は無視し、今日の物価は当時のそれの二千九百十五倍として計算すると、会津松平家は一億四千五百七十五万円ないし八千七百四十五万円を天皇家から一種の賠償金として受け取ったことになる。

ところが健次郎とはまた別に、狭隘《きょうあい》な順逆史観は是非とも打破せねば、と考えている旧会津藩士がいた。北原雅長といい、元会津藩家老神保内蔵助《じんぼくらのすけ》の次男で京都守護職在任中の容保の側近のひとりであり、のちに長崎市長をつとめる学識豊かな人物である。

この北原雅長が幕末会津藩の勤王の立場を史料によって明らかにした大著『七年史』を出版したのは三十七年四月のこと。同書には孝明天皇が容保に与えた宸翰と御製についても記述されていた。

これを知った健次郎が、もはや『京都守護職始末』の出版を差し控えている理由はなくなったと考え、同書を活字化して旧藩同好の士に配布したのは四十四年十一月のこと。同書が山川浩の書いた単著という体裁を取っているのは、健次郎が会津藩最後の家老であった亡兄に花を持たせたのだ。

これら二著の出版によって「会津＝賊軍」史観はみごとに否定されたわけで、早稲田大学総長に就任していた大隈《おおくま》重信などは、

「山川（浩）といふ男は死後まで面白い芝居を打った」

といって笑ったと、健次郎の伝記『男爵山川先生伝』にある。

石見《いわみ》浜田藩六万一千石の松平家のように慶応二年（一八六六）の時点で長州藩に領土を奪われて美作《みまさか》鶴田《たづた》藩とならざるを得なかったものの、明治二年のうちに早くも六万一千石と以前通りの収入を確保した藩もある。それに較べると、山川家の兄弟が旧会津藩松平家の名誉を回復するのに費やした歳月の長さが偲ばれてならない。

山川家の兄弟たちの明治

さて、ここまで書く暇がなかったが、明治十六年（一八八三）十一月、二十四歳の山川捨松が陸軍卿大山巖四十二歳に嫁ぎ、亡妻沢子の残した信子八歳、芙蓉子《ふよこ》四歳、留子《とめこ》二歳の継母となってからのことを振り返っておきたい。

捨松がまもなく「時代のスター」となったのは、同年一月、開国以来の不平等条約撤廃のため欧化政策を採った政府が、鹿鳴館《ろくめいかん》をオープンしたためである。捨松の曾孫に当たる久野明子は、

「いくら政府が鉦《かね》を鳴らして西欧化政策を謳っても、実際には男と手に手を取ってダンスなるものを踊ることが出来た日本人女性は、捨松、瓜生繁子、津田梅子（留学生仲間、津田塾大学創始者）の三人を除いて数えるほどしかいなかったはずである」（『鹿鳴館の貴婦人　山川捨松』）

として、左のようなエピソードを紹介している。

三人の中でもとりわけ美しく、日本人離れしたプロポーションで外国人と流暢な英語を使いながら軽やかなステップで踊る捨松は、いやがおうでも注目を集め、一夜にして「鹿鳴館の花」と呼ばれるようになった。生前、私の祖母留子は「ママちゃん（捨松）の夜会服は、それはそれはきれいだったよ」と語ってくれたことがある。まだ幼かった留子の脳裏に焼き付いて、八十年近くの歳月がたっても目に浮かぶという捨松の夜会服姿は、大山巌がわざわざフランスから取り寄せたというワインカラーのビロードの服であった。髪には星の形をしたダイヤの髪飾りを三つ差し、その星がきらきらと光って、留子は本当のお星様かと思ったそうだ。

三十一年冬から徳冨蘆花が「国民新聞」に連載しはじめた小説『不如帰《ほととぎす》』は、捨松をモデルとする作中女性が継子《ままこ》いじめをする、というスキャンダラスな作柄が評判を呼び、ベストセラーとなった。しかし、これは何の根拠もない創作だったので本稿では触れず、晩年の山川健次郎の姿をもう少し追ってみよう。

長く東京帝大理科学長（東大理学部長）をつとめた健次郎は、三十四年五月東京帝大総長に就任。三十六年、東京帝大名誉教授。三十七年、貴族院議員に選出され、三十八年には東京帝大総長を辞任。四十二年、北九州に私立明治専門学校が開校すると、総裁として生徒たちに触れ合うのを喜びとした。

山内経則「山川健次郎先生と明治専門学校」(『歴史春秋』第十三号)という小論によれば、そのころ同校の同窓会誌には、当時の学生の次のような思い出が掲載されたという。

山川先生は東京からおいでになると、女婿の寺野先生(寛二、長女佐代の夫、のち九州帝大教授=筆者注)宅の別室に一週間ほど滞在された。先生は外ではフロックコート、お宅では質素な和服に袴をつけておられた。同行の白石君が、「先生のようなお方が、酒とたばこをたしなまれるのはどういうことでしょうか」と、遠慮なくおたずねすると、先生は、「我輩は、酒は定量グラムを冷やのままで飲む、たばこ朝日も節煙で本数も決めて吸っている。いやあー、酒とたばこをやめるなんぞ、よほど非人情ではないとむずかしいねー」と、お答えになった。

四十四年四月、同校総裁を兼務しつつ健次郎が九州帝大総長に就任すると、十一月十日、門司駅構内で天皇の九州巡行中のお召し列車が脱線する事件が発生。同駅主任が責任をとって鉄道自殺し、世論はこれを美談とみなした。

だが、「フロックコートを着た乃木将軍」と渾名されていた健次郎は、三十六年五月、一高生藤村操が、

「万有の真相は唯一言《ただひとこと》にして悉《つく》す、曰く『不可解』」

との遺書を遺して日光の華厳《けごん》の滝へ投身自殺した時にも、

「馬鹿の極彩色」

と評することをためらわなかった。この時も『福岡新聞』に、駅員の行為を称賛するのは自殺を奨励することになる、人間はできる限り国家のために尽して死にたいものだ、という趣旨の一文を発表したため、健次郎を非難する者もなくはなかった。

その者たちは、おそらく知らなかったのである。戊辰の年に十五歳だった健次郎は、初め白虎隊の一員になった。しかし、その後隊士の年齢は十六歳と十七歳の者に限定されたため、自刃十九士にふくまれることなく生き残った者のひとりだった、ということを。若くして会津藩という小国家のために戦い、藩に殉じると決めて死んでいった者たちのことを思うと、健次郎は観念的な理由で自殺する人々を許す気にはなれなかったのだ。

大正二年（一九一三）五月、東京帝国大学総長に再任された健次郎は三年八月から四年六月まで京都帝大総長を兼任し、同年十二月、これまでの勲功によって特に男爵を授けられた。

しかし、明治の末から大正年間にかけては、山川家の人々が次第に人生という舞台から去ってゆく年月でもあった。

浩の死から十二年後の明治四十二年十一月、長女二葉、六十七歳で没。大正八年二月、大山捨松、津田梅子と津田英学塾（のちの津田塾大学）の運営につき会談後、スペイン風邪によって病死。享年六十。

対して健次郎は、同九年九月に東京帝大総長を退任。十二年二月、七十歳にして枢密顧問に任命され、会津若松市となった故郷に白虎隊墳墓拡張計画があると知るや、見積もり額二万八千円のうち一千円を提供した。今日の飯盛山《いいもりやま》の白虎隊墓所と参道の石段は、この時期に整備されたものである（落成は十五年五月）。

その後、私立武蔵高等学校の校長をつとめながら『会津戊辰戦史』の編纂委員となっていた健次郎は、昭和三年（一九二八）にふたたび巡ってきた戊辰の年、会津松平家のために意外な役目をはたすことになった。

この年の一月十八日、宮内省は故松平容保の四男恒雄の長女節子《せつこ》（のちの勢津子）と秩父《ちちぶの》宮擁仁《みややすひと》親王（皇弟）との婚儀に勅許が下された、と発表。九月二十八日にその婚儀が挙行されることになり、その当日、健次郎は納采《のうさい》の答礼使としてまず節子に拝閲、次いで秩父宮にお礼を言上する大役を仰せつけられたのだ。

当日から三日間、提灯行列を繰り出してこれを祝賀した会津若松市民の思いは、「会津松平家から妃殿下が誕生するということは、天皇家が会津藩は戊辰の賊徒ではなかったと認められたということだ」

という一点に要約することができる。

その後、武蔵高校の山本良吉教頭が健次郎に、

「会津家御先代の御志が今始めて御上《おかみ》へ通じて、定めて地下で御喜びでございましょう」(『男爵山川先生伝』)

と祝いのことばを告げたところ、

「ハァ」(同)

と答えただけで健次郎は何も話せなくなってしまい、校長室の机にほろほろと涙をこぼすばかりであった。亡兄浩の名によって『京都守護職始末』を刊行し、会津藩雪冤《せつえん》に先鞭をつけた健次郎にとって、これは「青山白日を仰ぎ候様なる心地」であり、「只々涙を流し候のみにて、心事の底を詞《ことば》にし筆にし候事不可能」なほどの慶事だったのだ(武谷水城宛書簡、同)。

戊辰の年に深い心の傷を負った旧会津藩士たちは、次の戊辰の年が巡ってきた昭和三年になってようやく、

「われらは賊徒にあらず」

と明言できる根拠を共有するに至ったのであった。

明治維新ということばに美しさを感じるのは主に西日本の人々であり、この平成三十年(二〇一八)の戊辰の年を「明治維新百五十周年」と形容する傾向が顕著である。

対して関東以北の人々は、今年を「戊辰百五十周年」として捉え、日本人にとって戊辰戦争とは何であったのか、と再考する動きがマスコミでも盛んである(「福島民友」「福島民報」「河

北新報」ほか）

本稿は一見華やかであったかのように思われている幕末維新の水面下の事情にレンズの焦点を合わせ、形あるものには必ず影がつきものであることを明らかにしようとした試みであった。

おわりに――『坊ちゃん』の「幕臭」について

「幕臭《ばくしゅう》」ということばが、明治時代には使われていました。これは滅んだ江戸幕府とその時代を懐かしく思い、その分だけ薩長藩閥の世となった明治という時代に違和感を覚える傾向のことです。

慶応四年（明治元年）には旧幕臣の柳河春三《やながわしゅんさん》が「中外《ちゅうがい》新聞」を、おなじく福地桜痴《おうち》（のち東京日日新聞主筆・社長）が「江湖新聞」を発行するなど、幕末維新期に新聞人となって新政府を批判した人は少なくありません。かれらは「幕臭」を持つ人々だったからこそ、逝く春を惜しむように江戸時代の終焉を哀しみとともに見つめたのです。

粋《いき》と気風《きっぷ》の良さで知られた江戸の芸者衆が、薩長土肥出身の政府高官を追って下関、京都、大阪などから東京へ稼ぎにやってきた同業者を野暮とみなしたのも、煎じ詰めれば出稼ぎ組が「幕臭」ということばに象徴される江戸っ子気質を持ち合わせていなかったためでしょう。

このような感覚は文学者たちにも受けつがれ、樋口一葉の一連の名作にも永井荷風の諸作にも江戸の下町情緒が濃《こ》まやかに表現されています。

本文中でそのような現象にも触れたかったのですが、すでに約束の枚数を超過したのでそれは控え、ここに補筆しておく次第です。

なお私は夏目漱石にもかなりの「幕臭」を感じており、その観点から『坊ちゃん』（明治三十九年〈一九〇六〉発表）の登場人物たちの造形について小論を書いたことがあります。「幕臭」という表現をより深く知っていただくため、ここにその拙論を引いて全編のおわりとします。

＊

『坊ちゃん』の「幕臭」について

流泉小史《りゅうせんしょうし》といえば、大正から昭和初期にかけて「文藝春秋」誌上に剣豪もののエッセイをよく書いた岩手県人である。その遺作『新選組剣豪秘話』は、幕末史を語る際には読んでおきたい一冊だ。

ところで江戸時代に今日の岩手県に置かれていた藩といえば南部藩であり、同藩は戊辰戦争の際には奥羽越列藩同盟軍（東軍）の一員として薩・長・土その他の新政府軍（西軍）と戦った。流泉小史は南部藩士の家系に生まれたらしく、自分には「幕臭《ばくしゅう》」がある、と前述の遺作の「自序」に書いている。

幕臭とは滅んだ江戸幕府を懐かしく思い、その分だけ薩長藩閥の世となった明治という時代に違和感を覚える傾向のこと。慶応三年（一八六七）生まれの夏目金之助、筆名漱石も幕臣夏目吉信の曾孫にあたるだけに、かなりの幕臭を持っていた。

このような著者の血統は、おのずと作品世界に反映される。『坊ちゃん』の主人公が、

「是《これ》でも元は旗本だ」

と作中で独白する場面があるのは、漱石の幕臭が『坊ちゃん』の人物造形に色濃く投影されたためにほかならない。

以下、少々『坊ちゃん』の主要登場人物を幕臭の有無により、二派にわけてみよう。

坊ちゃんの家の下女清《きよ》は、

「もと由緒あるものだつたそうだが、瓦解（明治維新）のときに零落《れいらく》して、つい奉公迄《まで》する様になつたのだと聞いている」

とあるから、旗本か御家人の血筋でやはり幕臭を持っている。清が坊ちゃんに、

「越後の笹飴《ささあめ》が食べたい」

という場面もあるが、清には越後に親戚でもいるのだろうか。越後は越後口戊辰戦争の戦場として意識されていたはずであり、長岡藩家老河井継之助《つぎのすけ》の強烈な個性は今日なお忘れら

れていない。

さて、坊ちゃんは物理学校（現、東京理科大）を卒業し、伊予松山の中学校に数学の教師として赴任する。そこで親しくなった先輩教師の山嵐は、会津の出身という設定だからこれまた幕臭の持ち主。

対して中学校の狸《たぬき》のような校長、教頭の赤シャツ、英語教師うらなりらの登場人物は幕臭とは無縁であり、画学教師の野だいこは江戸っ子だというが、

「こんなのが江戸っ子なら江戸には生まれたくないもんだ」

と坊ちゃんに思われてしまう人物だから、これも幕臭とは無縁である。

『坊ちゃん』はきわめて通俗的な小説であり、坊ちゃんと山嵐が、うらなりを九州の延岡へ転任させてその恋人マドンナを奪った赤シャツをぶん撲《なぐ》る、という立ち回りがクライマックスとなる。

その前段で山嵐が坊ちゃんに、

「あんな奸物をあの儘《まま》にして置くと、日本の為《ため》にならないから、僕が天に代つて誅戮《ちゅうりく》を加へるんだ」

という場面があるところが、私にはきわめて興味深い。「天に代わって之《これ》を誅す」略して「天誅」とは、幕末に尊王攘夷派のテロリストが佐幕派の者を暗殺することを意味した。それが右の場面では、幕臭仲間の坊ちゃんと山嵐（＝佐幕派）が明治という時代に迎合して生きて

いる赤シャツを懲らしめる表現として用いられているのだ。すなわちこの作品は、史実とは逆に佐幕派がアンチ佐幕派をとっちめる物語なのである。

こうして中学校に辞表を叩きつけ、東京の清の元へ帰った坊ちゃんは、「其後《そのご》ある人の周旋で街鉄《がいてつ》の技手になつた」という文章から四行で『坊ちゃん』はおわる（『漱石全集』第二巻）。「街鉄」とは明治三十六年（一九〇三）設立の「東京市街鉄道」を略した表現で、この鉄道会社は今の都電のルーツとなった企業のひとつである。「街鉄の技手」とは路面電車の運転手兼整備士のこと。それにしてもなぜ坊ちゃんはこのように転身したのか。

その謎を解くには、わが国初の蒸気船「千代田形《ちよだがた》」を造ったのは幕臣小野友五郎だったことがヒントになる。「咸臨丸《かんりんまる》」航海掛として渡米経験のある友五郎は、明治以後は工部省鉄道寮の出仕となり、鉄道技術者の草分けとなった。蒸気船も機関車も蒸気機関で走るのだから、幕臣たちの航海のノウハウは明治の鉄道網の発達に大いに寄与したのだ。

今日の都電の起源は東京馬車鉄道であり、日露戦争の直前に電化されて「街鉄」となった。坊ちゃんはその「街鉄」に採用されたわけだが、日本の工業技術者を育成すべく工手学校（現、工学院大学）が創立されたのは明治二十年（一八八七）十月のこと。翌年二月六日の開校式には、来賓として招かれた旧幕臣たちの姿がめだった。赤松則良《のりよし》（陸軍中将）、矢野二郎（高等商業学校校長）、成瀬正忠（同校監事）、大鳥圭介（工部大学校〈現、東京大学工学部〉校長兼学習院長）、田口卯吉《うきち》（『日本開化小史』著者）等々（茅原健『工手学校――旧幕臣たちの技術者教育』）。

これで大体はおわかりであろう。坊ちゃんは伊予松山の教師たちにはまったく馴染めず、自分とおなじ幕臭を持つ者が多い「技手」の世界へと回帰していったのである。

花園神社社報「花ぞの」第二百六十九号（平成二十九年九月）

*

なお本書を企画し、かつ私の手書き原稿をパソコン入力してくれたのは加藤摩耶子氏であり、本造りを担当してくれたのは晶文社編集部の江坂祐輔氏でした。御両者に謝意を表して刊行の辞とします。

平成三十年（二〇一八）四月

中村彰彦

中《なか》村《むら》彰《あき》彦《ひこ》

一九四九年栃木県栃木市生まれ。東北大学文学部卒業後、文藝春秋に勤務。八七年『明治新選組』で第一〇回エンタテインメント小説大賞を受賞。九一年より執筆活動に専念し、九三年に『五左衛門坂の敵討』で第一回中山義秀文学賞、九四年に『二つの山河』で第百十一回直木賞、二〇〇五年に『落花は枝に還らずとも』で第二四回新田次郎文学賞を受賞。また二〇一五年には第四回歴史時代作家クラブ賞実績功労賞を受賞する。小説に『鬼官兵衛烈風録』『名君の碑』『戦国はるかなれど』『疾風に折れぬ花あり』、評伝・歴史エッセイに『保科正之』『なぜ会津は希代の雄藩になったか』『歴史の坂道』『幕末史 かく流れゆく』など多数。

幕《ばく》末《まつ》維《い》新《しん》改《あらた》メ

二〇一八年五月二〇日　初版

著者　中村彰彦

発行者　株式会社晶文社
〒一〇一-〇〇五一　東京都千代田区神田神保町一-一一
電話　〇三-三五一八-四九四〇（代表）・四九四二（編集）
URL http://www.shobunsha.co.jp

印刷・製本　株式会社太平印刷社

ISBN978-4-7949-6995-8　Printed in Japan